El poder del amor

Osho

VERGARA

El poder del amor

Título original: *The power of love*

Primera edición: marzo de 2018

D. R. © 2010, 2010 OSHO INTERNATIONAL FOUNDATION, SUIZA.
WWW.OSHO.COM/COPYRIGHTS

Osho® es una marca registrada de OSHO INTERNATIONAL FOUNDATION.
Para mayor información favor de dirigirse a osho.com/trademark

El material de este libro es una selección de una serie de charlas de Osho que responden a las preguntas formuladas por una audiencia en vivo. Todos los discursos de Osho han sido publicados íntegramente en inglés y están también disponibles en audio. Las grabaciones originales de audio y el archivo completo de textos se pueden encontrar online en la Biblioteca Osho en osho.com/library. Osho® es una marca registrada de Osho International Foundation. Para mayor información favor de dirigirse a osho.com/trademarks

D. R. © 2018, derechos de edición para América Latina y Estados Unidos en lengua castellana: Penguin Random House Grupo Editorial, S. A. de C. V.
Blvd. Miguel de Cervantes Saavedra núm. 301, 1er piso,
colonia Granada, delegación Miguel Hidalgo, C. P. 11520,
Ciudad de México

www.megustaleer.com.mx

D. R. © 2018, Hugo Araiza Bravo, por la traducción

ISBN: 978-607-529-465-0

Impreso en México – *Printed in Mexico*

El papel utilizado para la impresión de este libro ha sido fabricado a partir de madera procedente de bosques y plantaciones gestionadas con los más altos estándares ambientales, garantizando una explotación de los recursos sostenible con el medio ambiente y beneficiosa para las personas.

Penguin
Random House
Grupo Editorial

Índice

Entre la vida y la muerte, lo más importante que le puede suceder a un hombre o a una mujer es el amor. Y el amor tiene muchas manifestaciones: la meditación es una manifestación del amor.

OSHO

Introducción

Sólo el amor hace creativo a alguien. Sólo en el amor uno comienza a desbordarse hacia la existencia, porque sólo en el amor uno tiene algo que dar y compartir. Quien no conozca el amor, no puede ser creativo, sólo destructivo. Es la misma energía: unida al amor se vuelve creativa; desconectada de él, se vuelve destructiva.

El mundo puede ser un lugar totalmente distinto si a la gente se le permite, si no se le entorpece el amor. Si se le da a la gente un clima de amor, un medio de amor en el que todos puedan convertirse fácilmente en seres amorosos, el mundo podría volverse el paraíso mismo. Las guerras mundiales no dejarán de suceder a menos de que liberemos la energía del amor. Sólo la energía del amor puede ser la supervivencia del futuro de la humanidad. Sólo una explosión de amor puede ser el antídoto a la explosión atómica; de lo contrario, el hombre se acerca cada día más a un suicidio universal.

Se nos ha olvidado cómo amar y hemos creado tantas armas destructoras que es casi imposible sobrevivir, a menos de que suceda el milagro del amor en la Tierra. La situación es así: en un cuarto hay toda suerte de municiones, y le han dado una caja de cerillos a un niño para que juegue ahí dentro. Tienen la esperanza de que no pase nada malo, pero la probabilidad es muy alta: porque la caja de cerillos está ahí, el niño está ahí y su curiosidad está ahí. Abrirá la caja de cerillos, no se puede resistir. Tratará de hacer algo con la caja de cerillos, no se puede resistir. Y hay municiones explosivas por todo el cuarto. Es casi imposible evitar el accidente.

Ésta es la situación: el hombre es casi un retrasado en cuanto al corazón, y tiene grandes poderes liberados por la ciencia. A menos de que podamos liberar el amor del hombre en la misma proporción —su poesía, su capacidad de disfrute, de vida, de celebración—, será imposible sobrevivir.

Pero éste es uno de los principios fundamentales: cuando encuentres a una persona destructiva, no te enojes con ella. Tenle lástima. Incluso la gente como Adolf Hitler necesita lástima: necesitan compasión. Su energía se ha vuelto agria y amarga y venenosa porque de alguna manera no vieron lo que es el amor. Y la sociedad es así, crea odio e impide el amor. Crea competitividad e impide la camaradería. Te enseña a pelear, nunca te enseña a hacer amigos.

Todo mi esfuerzo aquí consiste en liberar tus fuentes de amor, encender tu llama amorosa. Y ya que eso esté ahí, lo demás se dará solo: tu vida se volverá creativa por sí sola.

1. EN CUANTO APARECE EL AMOR, DESAPARECE LA SABIDURÍA

El amor no debería tener destinatario. El amor no necesita estar orientado hacia el otro. El amor orientado hacia el otro no es amor verdadero; el amor como relación no es amor verdadero. El amor como estado del ser es amor verdadero. Uno puede amar a una mujer, a un hombre, a sus propios hijos, a sus padres, a las rosas y a otras flores, uno puede amar mil y una cosas, pero todas son relaciones.

Aprende a ser amor. No es cuestión de a quién dirijas tu amor, sino simplemente de que seas amoroso. Aunque estés sentado solo, el amor sigue fluyendo. ¿Completamente solo y quieto, qué puedes hacer? Al igual que respiras... no respiras por tu esposa: no es una relación. No respiras por tus hijos: no es una relación. Simplemente respiras: es vida. Al igual que respirar es vida para el cuerpo, el amor es vida para el alma: uno simplemente es amor. Y sólo entonces uno sabe que el amor es "Dios".

Jesús dice: "Dios es amor". Yo te digo: "El amor es Dios". Las palabras son las mismas, pero el significado es muy distinto. Jesús dice: "Dios es amor". Así, el amor se convierte en una de tantas cualidades de Dios: también es sabio, también es poderoso, también es juez y muchas cosas más. Entre todas esas cualidades, también es amor. La declaración de Jesús fue muy revolucionaria en esos tiempos, pero ya no lo es.

Yo digo: "El amor es Dios". Entonces no es una cuestión de que Dios tenga muchas cualidades más. De hecho, Dios desaparece: el amor mismo se convierte en Dios. El amor es lo real. Dios es el nombre que los teólogos le dan a algo de lo que no saben nada. No hay Dios: toda la existencia está hecha de lo que llamamos amor.

Todos quieren amar y ser amados. ¿Por qué?
"En cuanto aparece el amor, desaparece la sabiduría".
¿Es eso cierto?

El amor es oración acariciando la divinidad. El amor es poesía nacida de la mera alegría de ser. El amor es canto, danza, celebración: un canto de gratitud, una danza agradecida, celebración por ninguna razón en especial, por este tremendo regalo que no deja de bañarnos, por todo este universo, desde el polvo hasta lo divino. El amor no es lo que tú entiendes por amor; he aquí la pregunta.

Preguntas: "Todos quieren amar y ser amados. ¿Por qué?". Porque el amor es religión en su ápice: el amor es la religión suprema. El amor es la búsqueda de la divinidad; por supuesto, una búsqueda inconsciente al principio, a tropezones, tanteando en la oscuridad. Puede que la dirección no sea la correcta, pero la intención es por completo correcta.

El amor no es la cosa ordinaria que entiendes por amor: no es sólo una atracción biológica entre hombre y mujer. También lo es, pero ése sólo es el principio, sólo el primer paso. Incluso ahí, si lo ves a fondo, en realidad no es una atracción entre hombre y mujer: es una atracción entre energía masculina y energía femenina. No es una atracción entre *A* y *B*: hay misterios mucho más profundos involucrados, incluso en las aventuras románticas ordinarias.

Por eso nadie puede definir el amor. Se han intentado miles de definiciones, todas han fracasado. El amor sigue siendo indefinible, muy huidizo, volátil. Entre más quieras aprehenderlo, más difícil se vuelve, más lejos se va. No puedes atraparlo, no puedes lograr saber qué es exactamente. No puedes controlarlo. El amor sigue siendo incognoscible. El hombre quiere conocer, porque el conocimiento da poder. Te gustaría tener poder sobre el amor, pero eso es imposible: el amor es mucho más grande que tú. No lo puedes poseer, sólo puedes ser poseído por él; por eso toda la gente que quiere poseer el amor nunca logra saber nada de él.

Sólo aquellos con el valor suficiente —sólo los apostadores, que pueden arriesgar su vida misma y ser poseídos por una energía desconocida— son capaces de saber lo que es amor.

El amor es el primer paso hacia la divinidad. Por eso les parece una locura a quienes están obsesionados con su cabeza, que no entienden todo el misterio del amor, que tratan de entenderlo por medio de la mente... Sólo puede entenderse por medio del corazón. Recuerda: todo lo grandioso está disponible para el corazón. El corazón es la puerta a los grandes valores de la vida, a todos los valores últimos; la mente sólo es un mecanismo útil, un aparato: bueno en el mercado, pero completamente inútil en un templo. Y el amor es un templo, no un mercado. Si llevas el amor al mercado, se reduce a fea sexualidad.

Eso es lo que ha hecho la gente: en vez de elevar el amor a la divinidad, lo han reducido a la sexualidad fea y animal. Y lo extraño es que esa misma gente —los sacerdotes, los políticos, los puritanos, la misma gente que ha reducido el amor a un fenómeno feo— está en contra del sexo, son los enemigos del sexo. ¡Y son la gente que destruyó un poder con un potencial tremendo!

El amor es un loto escondido en el lodo. El loto nace del lodo, pero no condenas al loto por haber nacido del lodo. No lo llamas "lodoso", no lo llamas "sucio". El amor nace del sexo y la oración nace del amor. Y la divinidad nace de la oración. Más y más y más alto vuela uno. Pero los sacerdotes y los puritanos redujeron todo este fenómeno a la sexualidad. Y cuando el amor se vuelve sexo, se vuelve feo; uno empieza a sentirse culpable al respecto. Es por esa culpa que nació este dicho, este proverbio: "En cuanto aparece el amor, desaparece la sabiduría".

Si me lo permites, lo voy a cambiar un poco. Diré: "En cuanto aparece el amor, aparece la sabiduría".

Pero depende de cómo lo veas. Si miras su potencial, la posibilidad más alta que puede alcanzar, entonces el amor se convierte en escalera. Si sólo miras el lodo, y estás completamente ciego respecto a lo que puede surgir de él, entonces sin duda el amor se convierte en algo feo y un gran antagonismo surge en ti. Pero ser antagónico al amor es ser antagónico a la divinidad.

Al regresar de su luna de miel, Michael llamó a su padre a la oficina.

—Que bueno saber de ti, hijo. Dime, ¿cómo va la vida de casado?

—Papá, estoy muy molesto. Creo que me casé con una monja.

—¿Una monja? —preguntó el sorprendido padre—. ¿A qué te refieres?

—Ay, ya sabes, papá, nada en la mañana y nada en la noche.

—¡Ah, eso! —bufó el viejo—. Ven a cenar el sábado y te presento a la madre superiora.

Cuando el amor se reduce a mera sexualidad, entonces apenas aparece el amor, desaparece la sabiduría. Pero depende de ti. ¿Por qué reducirlo a la sexualidad? ¿Por qué no convertir el metal vulgar en oro? ¿Por qué no aprender la alquimia del amor? Eso es lo que te estoy enseñando aquí. Y los sacerdotes, que no saben nada del amor —porque nunca han amado, renunciaron al mundo del amor— siguen haciendo grandes sistemas de pensamiento en su contra.

El sacerdote se paró frente a una silenciosa multitud de aldeanos atentos y dijo:
—No deben usar la píldora.
Una hermosa señorita alzó la voz y contestó:
—¡Mire, si usted no juega, no pone las reglas!

Ésa es la gente que no juega y pone las reglas. Durante siglos, los sacerdotes han puesto reglas. El sacerdocio de todo el mundo ha condenado una gran fuente de potencial de energía; de hecho, la única. Ya que está condenada, tú estás condenado: toda tu vida perderá el sentido. Cuando la energía sexual no puede crecer hasta su altura natural, vives una vida miserable.

El amor es el mayor regalo de la existencia. Aprende su arte. Aprende su canción, su celebración. Es una necesidad absoluta: así como el cuerpo no puede sobrevivir sin comida, el alma no puede sobrevivir sin amor. El amor es el alimento del alma, es el comienzo de todo lo grande. Es la puerta a lo divino.

¡Ayuda! ¡Me estoy haciendo trizas! Mi cabeza quiere
algo; mi corazón, algo más; mi ser, otra cosa; y

mi cuerpo, algo distinto. Cuando tomo decisiones
mundanas, no están en armonía. Mi cabeza, mente,
corazón, ser y cuerpo nunca están de acuerdo en nada.
Así que si no puedo estar en armonía conmigo mismo,
¿cómo puedo estar en armonía con la existencia?

Puedo entender que tu cuerpo, tu mente y tu corazón no estén en armonía. Pero tu ser... sólo has oído la palabra, no sabes nada de él. Si conocieras tu ser, todo se habría armonizado de inmediato.

El ser es un poder tan grande que ni el corazón, ni la mente, ni el cuerpo pueden ir en su contra. Así que deja al ser aparte, porque es la solución. Tienes que encontrar tu ser, y encontrarlo armonizará tu existencia.

En este momento, cuando ves al cuerpo, a la mente y al corazón en desarmonía, primero escucha al cuerpo. Ninguno de los supuestos santos te dirá esto: primero escucha al cuerpo. El cuerpo tiene una sabiduría propia, y no está corrompido por los sacerdotes. El cuerpo no está contaminado por tus maestros, por tu educación, por tus padres. Comienza por el cuerpo, porque en este momento el cuerpo es lo más puro de ti. Así que si el corazón y la mente están en su contra, déjalos ir. Tú sigue al cuerpo. El cuerpo es la primera armonía, y el ser es la última.

La lucha siempre es entre el corazón y la mente. El cuerpo y el ser nunca están en conflicto: los dos son naturales. El cuerpo es naturaleza visible y el ser es naturaleza invisible, pero son parte de un solo fenómeno. La mente y el corazón están en conflicto porque la mente puede ser contaminada, corrompida, y eso es lo que han estado haciendo todas las religiones y culturas: corrompiendo tu mente. No pueden corromper tu corazón. Pero han logrado una técnica diferente para él: le han dado un rodeo, lo han ignorado. No lo han alimentado; han tratado de debilitarlo de todas las maneras posibles, de condenarlo.

Así que lo que tienes, de hecho, es que tu mente va contra tu cuerpo —porque todas las culturas están contra el cuerpo—, pero el cuerpo es tu hogar. Tu corazón es parte del cuerpo, y tu cabeza también es parte del cuerpo... pero la mente puede ser influida, condicionada. El corazón está fuera del alcance de otras personas: sólo tú puedes alcanzarlo.

Así que comienza por el cuerpo: primero sigue al cuerpo. El cuerpo nunca te va a engañar: puedes confiar en él y puedes confiar en él plenamente. Cualquier cosa que vaya contra el cuerpo es una imposición de los demás. Ése es un buen criterio para averiguar qué se te ha impuesto. Cualquier cosa que vaya contra el cuerpo está impuesta, es ajena. Deberías sacarla. Tu mente está llena de elementos ajenos; tu mente no está en su estado natural. También puede alcanzar un estado natural, y así ya no estará en contra del cuerpo: estará en sintonía con él. Así que comienza por el cuerpo y úsalo como criterio.

Es un proceso muy simple: sigue al cuerpo. Despacio, despacio, la mente comienza a deshacerse de todo lo anticuerpo. Tiene que deshacerse de él. Si no es su naturaleza, lo está cargando a pesar suyo. Es la carga que la humanidad muerta te ha dejado como legado. Si sigues al cuerpo, te sorprenderá que por primera vez verás que suceden dos cosas. La primera es que la mente comienza a deshacerse del condicionamiento. La segunda es que cuando la mente comienza a deshacerse del condicionamiento, oyes por primera vez la vocecita silenciosa del corazón, que estaba ahogada por la ruidosa mente. Como la mente se está volviendo un poco más calmada, un poco más silenciosa, puedes oír al corazón.

Primero escucha al cuerpo, para deshacerte de todo lo repugnante de tu mente, y comenzarás a escuchar a tu corazón. No está en contra del cuerpo, porque nadie puede condicionar tu corazón:

no hay entrada del mundo exterior al corazón. Te maravillará ver que tu corazón y tu cuerpo están en armonía. Y cuando suceda esa armonía, la mente llegará a su fin, no tendrá poder sobre ti. Entonces conocerás un poder nuevo, más nuevo, más natural, más auténtico, y la mente se deshará incluso de su condicionamiento más sutil.

El día en que la mente se quede en silencio y entre en sintonía con el corazón y con el cuerpo, ese día descubrirás tu ser, no antes. Y una vez que hayas descubierto tu ser, no tendrás que intentar armonizar nada. La mera presencia del ser lo armoniza todo. Esa experiencia es tan vasta que tu cuerpo, tu corazón, tu mente, todos, pierden su identidad en la vastedad de tu ser. Pero comienza por el cuerpo.

Todas las religiones están diciendo lo contrario. Dicen: "Oponte al cuerpo, no sigas al cuerpo: el cuerpo es el enemigo". Ésa es su estrategia para destruirte, porque te han quitado el elemento básico a partir del cual podrías haber crecido hacia la armonía. Te quedarás siempre en discordia, sin armonía. Nunca llegarás a conocer tu ser, y toda tu vida será sólo angustia, ansiedad, miles de tipos de tensión. Las religiones ya te dieron la clave de cómo te destruyeron. Hacer que tu mente trabaje contra el cuerpo ha sido su estrategia.

Yo te lo digo: comienza por el cuerpo. Es tu hogar. Ámalo, acéptalo, y en ese mismo amor, en esa misma aceptación, estarás creciendo hacia la armonía. Esa armonía te llevará hacia el ser. Y una vez que descubras el ser, estarás libre de todo esfuerzo. La armonía se convertirá en tu naturaleza: una voz, una unidad orgánica.

¿Por qué el sexo ha sido tabú en todas las sociedades a lo largo de la historia?

Es una pregunta muy complicada, pero muy importante también; vale la pena profundizar en ella. El sexo es el instinto más poderoso del hombre. El político y el sacerdote entendieron desde el principio que el sexo es la energía más potente del hombre. Debe restringirse, debe cortarse; si al hombre se le permite una libertad sexual absoluta, no habrá posibilidad de dominarlo; convertirlo en esclavo será imposible.

¿No has visto cómo lo hacen? Cuando quieres ponerle el yugo a un toro, amarrarlo a una carreta, ¿qué haces? Lo castras, destruyes su energía sexual. ¿Y has visto la diferencia entre un toro y un buey? ¡Qué diferencia! Un buey es un fenómeno triste, un esclavo. Un toro es belleza; un toro es un fenómeno glorioso, un gran esplendor. ¡Mira caminar a un toro, cómo camina, como emperador! Y mira a un buey jalando una carreta... Lo mismo le han hecho al hombre: el instinto sexual está restringido, cortado, tullido. El hombre ya no existe como toro, existe como buey. Y cada hombre está jalando mil y una carretas.

Voltea y encontrarás detrás de ti mil y una carretas, y estás amarrado a ellas, traes puesto el yugo. ¿Por qué no puedes ponerle el yugo a un toro? El toro es demasiado poderoso. Si ve pasar una vaca, te tirará a ti y a la carreta e irá hacia ella. No le importará un bledo quién seas, y no te escuchará. Será imposible controlarlo.

La energía sexual es energía vital: es incontrolable. Y al político y al sacerdote no les interesas tú, les interesa canalizar tu energía en otras direcciones. Así que hay un cierto mecanismo detrás; hay que entenderlo.

La represión sexual, convertir en tabú el sexo, es el cimiento de la esclavitud humana. Y el hombre no podrá ser libre a menos de que el sexo sea libre. El hombre no puede ser realmente libre a menos de que se le permita un crecimiento natural a su energía sexual.

Éstos son los cinco trucos con los que el hombre ha sido convertido en esclavo, en un fenómeno triste, en tullido. El primero es: mantén al hombre lo más débil posible si quieres dominarlo. Si el sacerdote quiere dominarte o el político quiere dominarte, tiene que mantenerte lo más débil posible. Sí, en algunos casos se permiten excepciones, es decir, cuando se requieren tus servicios para combatir al enemigo; sólo entonces, de lo contrario no. El ejército tiene permitidas muchas cosas que otras personas no. El ejército está al servicio de la muerte, tiene permitido ser poderoso. Tiene permitido mantenerse lo más poderoso posible: es necesario para matar al enemigo.

Las demás personas son destruidas: son forzadas a mantenerse débiles de mil y una formas. Y la mejor manera de mantener débil a un hombre es no darle total libertad para el amor. El amor es alimento. Ahora los psicólogos descubrieron que si un niño no recibe amor, se retrae en sí mismo y se vuelve débil. Puedes darle leche, puedes darle medicina, puedes darle todo... sólo no le des amor. No lo abraces, no lo beses, no lo tengas cerca del calor de tu cuerpo y el niño comenzará a volverse más y más y más débil, y tendrá más probabilidades de morir que de sobrevivir. ¿Qué pasa? ¿Por qué? Tan sólo al abrazarlo, besarlo, dándole calor, de alguna manera el niño se siente alimentado, aceptado, amado, necesitado. El niño comienza a sentirse valioso, el niño empieza a sentir cierta finalidad en su vida.

Ahora, desde la infancia los hambreamos, no les damos el amor que necesitan. Luego obligamos a los hombres y mujeres jóvenes a no enamorarse a menos de que se casen. A los catorce años de edad son sexualmente maduros. Pero puede que su educación tome más tiempo, diez años más, hasta que tengan 24, 25 o más, y luego obtendrán sus maestrías o doctorados o títulos de medicina, así que hay que obligarlos a no amar.

La energía sexual llega a su clímax más o menos a los dieciocho años de edad. Nunca más será un hombre tan potente, y nunca más una mujer podrá tener un orgasmo más grande que el que podrá tener a los dieciocho. Pero los obligamos a no hacer el amor. Obligamos a los chicos a tener dormitorios separados; las niñas y los niños se mantienen separados, y entre los dos está todo el mecanismo de la policía, los magistrados, vicecancilleres, directores, maestros. Todos están parados ahí, justo en medio, impidiendo que los chicos vayan hacia las chicas, impidiendo que las chicas vayan hacia los chicos. ¿Por qué? ¿Por qué se esfuerzan tanto? Están tratando de matar al toro y crear un buey.

Para cuando cumples dieciocho años estás en la cima de tu energía sexual, de tu energía amorosa. Para cuando te casas, a los 25, 26, 27... y la edad ha estado subiendo y subiendo, entre más cultivado un país, más esperas, porque tienes que aprender más, conseguir un trabajo, esto y lo otro. Para cuando te casas, tus poderes casi están declinando.

Entonces amas, pero el amor nunca es realmente candente; nunca llega al punto en que la gente se evapora, se queda tibio. Y cuando no has podido amar totalmente, no puedes amar a tus hijos, porque no sabes cómo. Cuando no has podido conocer la cima, ¿cómo puedes enseñarla a tus hijos? ¿Cómo puedes ayudar a tus hijos a alcanzar la cima? Así, a lo largo de la historia se le ha negado el amor al hombre para mantenerlo débil.

Segundo: mantén al hombre lo más ignorante y crédulo posible para que sea fácil de engañar. Y si quieres crear una suerte de idiotez —una necesidad para el sacerdote y el político y su conspiración—, entonces lo mejor es no permitirle al hombre moverse libremente hacia el amor. Sin amor, la inteligencia de un hombre decae. ¿No lo has visto? Cuando te enamoras, de pronto todas tus capacidades están en la cumbre, en un *crescendo*. Tan sólo un momento atrás te veías apagado, y entonces conociste a tu mujer... y de pronto una gran alegría hizo erupción en tu ser, estás en llamas. Mientras la gente está enamorada, se desempeña al máximo. Cuando el amor desaparece, o cuando no está, se desempeña al mínimo.

La gente más grandiosa, la más inteligente, es la más sexual. Eso tiene que entenderse, porque la energía amorosa básicamente es inteligencia. Si no puedes amar, de alguna manera estás cerrado, frío: no puedes fluir. Por el contrario, en el amor uno fluye, uno se siente tan confiado que puede tocar las estrellas. Por eso una mujer se convierte en una gran inspiración, por eso un hombre se convierte en una gran inspiración. ¡Cuando una mujer es amada, se vuelve más bella de inmediato, al instante! Tan sólo hace un momento era una mujer ordinaria... cuando el amor la ha rociado, está bañada por una energía totalmente nueva, una nueva aura surge a su alrededor. Camina con más gracia, ha brotado una danza en sus pasos. Sus ojos ahora tienen una belleza tremenda, su cara brilla, es luminosa. Y lo mismo le sucede al hombre.

Cuando la gente está enamorada, su desempeño es óptimo. No les permitas el amor, y se mantendrán al mínimo. Cuando se mantienen al mínimo son estúpidos, ignorantes; no les importa saber. Y cuando la gente es ignorante y estúpida y crédula, es fácil de engañar. Cuando la gente está reprimida sexualmente, reprimida amorosamente, comienza a añorar la otra vida: piensa en el cielo, en el paraíso, pero no se le ocurre crear el paraíso aquí y ahora.

Cuando estás enamorado, el paraíso está aquí y ahora. Entonces no te importa nada, ¿quién acude al sacerdote? ¿A quién le puede importar que haya un paraíso? Ya estás ahí, eso ya no te interesa. Pero cuando tu energía amorosa está reprimida, empiezas a pensar: "Aquí no hay nada. El ahora está vacío. Entonces debe haber algún lugar, algún objetivo...". Acudes al sacerdote y le preguntas por el cielo, y te pinta un paisaje hermoso del cielo. El sexo se ha reprimido para que te interese la otra vida. Y cuando a la gente le interesa la otra vida, naturalmente no le interesa ésta.

El tantra dice: esta vida es la única. La otra vida está escondida en ésta. No está en contra de ella, no está alejada de ella: está en ella. Entra en ella. ¡Aquí está! Entra en ella y encontrarás la otra también. Dios está escondido en el mundo: ése es el mensaje tántrico. Un gran mensaje, soberbio, incomparable. Dios está escondido en el mundo, Dios está escondido aquí y ahora. Si amas, podrás sentirlo.

El tercer secreto: mantén al hombre lo más asustado posible. Y la manera segura es no permitirle el amor, porque el amor destruye el miedo: "El amor expulsa el miedo". Cuando estás enamorado, no tienes miedo. Cuando estás enamorado puedes luchar contra el mundo entero; cuando estás enamorado te sientes infinitamente capaz de cualquier cosa. Pero cuando no estás enamorado te asustan las pequeñas cosas. Cuando no estás enamorado te interesa más la seguridad. Cuando estás enamorado te interesa más la aventura, la exploración.

La gente no tiene permitido amar porque es la única manera de asustarla. Y cuando está asustada y temblando, siempre está de rodillas, inclinándose ante el sacerdote y ante el político. Es una gran conspiración contra la humanidad. Es una gran conspiración contra ti. Tu político y tu sacerdote son tus enemigos, pero fingen ser servidores públicos. Dicen: "Estamos aquí para servirte, para ayudarte a alcanzar una vida mejor. Estamos aquí para crear una buena vida para ti". Y son los destructores de la vida misma.

Cuarto: mantén al hombre lo más miserable posible, porque un hombre miserable está confundido, un hombre miserable no tiene autoestima, un hombre miserable se condena a sí mismo; un hombre miserable siente que debió de haber hecho algo mal. Un hombre miserable no tiene base: lo puedes empujar de aquí para allá, lo puedes convertir en madera a la deriva muy fácilmente. Y un hombre miserable siempre está listo para recibir órdenes, mandamientos, disciplina, porque sabe: "Yo sólo soy miserable. ¿Tal vez alguien más pueda disciplinar mi vida?". Ya es una víctima.

Y el quinto: mantén a la gente tan alienada entre sí como sea posible, para que no se puedan unir para algún propósito que el sacerdote y el político no aprueben. Mantén a la gente separada, no les permitas demasiada intimidad. Cuando la gente está separada, sola, alienada entre sí, no se puede unir. Y hay mil y un trucos para mantenerla distante. Por ejemplo, si estás tomado de la mano con un hombre —eres un hombre y estás tomado de la mano con otro hombre y caminando por la calle cantando—, ¿te sentirás culpable de que la gente comience a mirarte: acaso eres gay, homosexual o algo? Dos hombres no tienen permitido ser felices juntos. No tienen permitido tomarse de la mano, no tienen permitido abrazarse: los condenan por homosexuales. Surge el miedo. Si tu amigo llega y toma tu mano en la suya, miras a tu alrededor: ¿hay alguien a la vista o no? Y tienes prisa por deshacerte de su mano. Estrechas su mano a las prisas. ¿Lo has visto? Apenas tocas la mano del otro y se la aprietas y se acabó: no se toman de la mano, no se abrazan. Tienen miedo.

¿Recuerdas si tu padre te ha abrazado alguna vez? ¿Recuerdas que tu madre te haya abrazado desde que te volviste sexualmente maduro? ¿Por qué no? Se creó miedo. ¿Un joven y su madre abrazados? Tal vez surja sexo entre ellos, alguna idea, alguna fantasía. Se creó miedo: el padre y el hijo, el padre y la hija, no; el hermano y la hermana, no; el hermano y el hermano, ¡no! Mantienen a la gente en cajas separadas con grandes muros entre ellos. Todo el mundo está clasificado, y hay mil y una barreras. Sí, algún día, después de 25 años de entrenamiento, se te permite hacer el amor con tu esposa. Pero ahora el entrenamiento está demasiado profundo en tu interior y de pronto ya no sabes qué hacer. ¿Cómo amar? No has aprendido el lenguaje.

Es como si a una persona no se le permitiera hablar durante 25 años. Tan sólo escucha: durante 25 años no le han permitido pronunciar una sola palabra y de pronto lo subes al escenario y le dices: "Danos una conferencia magistral". ¿Qué va a pasar? ¡Se va a caer ahí mismo! Puede que se desmaye, puede que muera... 25 años de silencio y de pronto se espera que dé una conferencia magistral. No es posible. Esto es lo que está pasando: 25 años de antiamor, de miedo, y luego de pronto se te permite legalmente: te expiden una licencia y ahora puedes amar a esta mujer. Ésta es tu esposa, tú eres su esposo y tienen permitido amar. ¿Pero a dónde van a ir esos 25 años de mal entrenamiento? Ahí estarán.

Sí, vas a "amar"... vas a hacer el esfuerzo, un gesto. No va a ser explosivo, no va a ser orgásmico: va a ser diminuto. Por eso estás frustrado después de hacer el amor. El 99% de la gente está frustrada después de hacer el amor, más frustrada que nunca en sus vidas. Y sienten: "¿Qué?... ¡No hay nada! ¡No es verdad!".

Así que, primero, el sacerdote y el político lograron que no pudieras amar, y ahora vienen y predican que no hay nada en el amor. Y sin duda su prédica parece correcta, su prédica parece en sintonía exacta con tu experiencia. Primero crean la experiencia de futilidad, de frustración, y entonces... sus enseñanzas. Y todo esto junto parece lógico, de una sola pieza.

Es un gran truco, el más grande que le han hecho al hombre. Esas cinco cosas pueden lograrse con una sola: el tabú del amor. Es posible lograr todos esos objetivos si de alguna manera se impide que la gente se ame. Y el tabú ha sido manejado de una manera tan científica... Ese tabú es una obra de arte: se ha requerido gran habilidad y astucia para lograrlo, realmente es una obra maestra. Debemos entender ese tabú.

En primer lugar, es indirecto, está oculto. No es visible, porque cuando un tabú es demasiado obvio, no funciona. El tabú tiene que estar oculto para que no sepas cómo funciona.

El tabú tiene que estar tan oculto que ni siquiera puedas imaginar que sea posible hacer algo en su contra. El tabú tiene que entrar al inconsciente, no a la conciencia. ¿Cómo lo haces tan sutil e indirecto? Su truco es seguir enseñando que el amor es grandioso, para que la gente nunca crea que los sacerdotes y los políticos están en contra del amor. Sigue enseñando que el amor es grandioso, que el amor es lo correcto... y luego no permitas ninguna situación en la que pueda suceder el amor, no permitas la oportunidad. No des ninguna oportunidad, y sigue enseñando que la comida es grandiosa, que comer es una gran dicha —"¡Come lo mejor que puedas!"—, pero no des nada de comer. Mantén a la gente hambrienta y sigue hablando de amor. Así que todos los sacerdotes siguen hablando de amor. El amor es encomiado como lo más alto, justo al lado de Dios, y se le niega toda posibilidad de suceder. Foméntalo directamente y córtalo de raíz indirectamente. Ésa es la obra maestra.

Ningún sacerdote habla de cómo perpetró el daño. Es como si no dejaras de decirle a un árbol: "Sé verde, florece, disfruta" y no dejaras de cortarle las raíces para que no pueda ser verde. Y cuando el árbol no sea verde puedes saltarle encima y decir: "¡Escucha! No escuchas, no nos sigues. No dejamos de decirte: 'Sé verde, florece, disfruta, danza'"... y mientras tanto le sigues cortando las raíces.

Se niega mucho el amor... y es lo más escaso del mundo, no debería negarse. Si un hombre puede amar a cinco personas, debería amar a cinco. Si un hombre puede amar a cincuenta, debería amar a cincuenta. Si un hombre puede amar a quinientas, debería amar a quinientas. El amor es tan escaso que entre más lo propagues, mejor.

Pero hay trucos grandiosos. Te meten en un rincón estrecho, muy estrecho: sólo puedes amar a tu esposa, sólo puedes amar a tu esposo, sólo puedes amar esto, sólo puedes amar aquello; hay demasiadas condiciones. Es como si hubiera una ley que dijera que sólo puedes respirar cuando estés con tu esposa, sólo puedes respirar cuando estés con tu esposo. Entonces respirar se volvería imposible... ¡y morirías! Y ni siquiera serías capaz de respirar cuando estuvieras con tu esposa o esposo.

Tienes que respirar 24 horas al día. Entre más respires, más podrás respirar cuando estés con tu cónyuge. Sé amoroso.

Luego hay otro truco: hablan de amor "superior" y destruyen el inferior. Y dicen que se tiene que negar el inferior: el amor corporal es malo, el amor espiritual es bueno. ¿Alguna vez has visto un espíritu sin cuerpo? ¿Alguna vez has visto una casa sin cimientos? Lo inferior es el cimiento de lo superior. El cuerpo es tu morada: el espíritu vive en el cuerpo, con el cuerpo. Eres un espíritu encarnado y un cuerpo animada. Están juntos. Lo inferior y lo superior no están separados, son uno... son peldaños de la misma escalera.

Eso es lo que quiere dejar claro el tantra: lo inferior no debe ser negado; lo inferior debe ser transformado en superior. ¡Lo inferior es bueno! Si estás estancado en lo inferior, la culpa es tuya, no de lo inferior. No hay nada de malo con el primer peldaño de una escalera. Si estás estancado en él, tú estás estancado: es algo que está en ti. ¡Muévete! El sexo no está mal, tú estás mal si estás estancado ahí. Muévete más alto. Lo superior no está en contra de lo inferior: lo inferior hace posible que lo superior exista.

Y estos trucos han creado muchos problemas más. Cada vez que estás enamorado, de alguna manera te sientes culpable; ha surgido la culpa. Cuando hay culpa, no puedes entrar por completo al amor; la culpa te lo impide, hace que te detengas. Incluso cuando haces el amor con tu esposa o esposo hay culpa: sabes que es un pecado, sabes que estás haciendo algo malo. Los santos no lo hacen, eres un pecador. Así que no te puedes mover totalmente aunque tengas permitido —superficialmente— amar a tu esposa. El sacerdote está escondido detrás de ti en tu sentimiento de culpa; te está jalando desde ahí, jalando los hilos. Cuando surge la culpa, comienzas a sentir que estás mal; pierdes la autoestima, te pierdes el respeto.

Entonces surge otro problema: cuando hay culpa, comienzas a fingir. Las madres y los padres no les permiten a sus hijos saber que hacen el amor: fingen, fingen que el sexo no existe. Su impostura será descubierta por sus hijos tarde o temprano. Cuando los hijos se enteran de la impostura, pierden toda la confianza, se sienten traicionados, se sienten engañados. Y los padres y las madres dicen que sus hijos no los respetan... ustedes son la causa, ¿cómo podrían respetarlos? Los han estado engañando en todos los sentidos. Han sido deshonestos, han sido crueles. Les estaban diciendo que no se enamoraran —"¡Cuidado!"— y ustedes estuvieron haciendo el amor todo ese tiempo. Llegará el día, tarde o temprano, en que se den cuenta de que ni siquiera su padre, ni siquiera su madre fue sincera con ellos, ¿así que cómo podrían respetarlos?

Primero la culpa crea impostura y luego la impostura crea alienación entre la gente. Ni siquiera el hijo, tu propio hijo, se sentirá en sintonía contigo. Hay una barrera: tu impostura. Y cuando sabes que todos están fingiendo... Un día, te darás cuenta de que sólo estás fingiendo, y los demás también. Cuando todo mundo está fingiendo, ¿cómo puedes relacionarte? Cuando todo el mundo es falso, ¿cómo puedes relacionarte? ¿Cómo puedes ser amigable si en todos lados hay engaño y fraude? Te vuelves muy, muy rencoroso con la realidad, te vuelves muy amargado. Sólo la consideras el taller del diablo.

Y todo el mundo tiene un rostro falso, nadie es auténtico. Todo el mundo trae máscara, nadie muestra su cara original. Te sientes culpable, sientes que estás fingiendo, y sabes que todo el mundo está fingiendo, todo el mundo se siente culpable y todo el mundo se ha convertido en una fea herida. Ahora es muy fácil esclavizar a esa gente: convertirla en burócratas, jefes de estación, maestros, cobradores, recaudadores, ministros, gobernadores, presidentes. Ahora es muy fácil distraerlos. Los has distraído de sus raíces. El sexo es la raíz, de ahí el nombre *muladhar*. *Muladhar* significa energía de la raíz.

He oído...

Era su noche de bodas, y la altiva dama Jane estaba ejecutando sus deberes maritales por primera vez.

—¿Mi señor —le preguntó a su esposo—, es esto a lo que la plebe llama hacer el amor?

—Así es, dama mía —contestó lord Reginald, y continuó como antes.

Después de un rato, la dama Jane exclamó indignada: —¡Es demasiado bueno para la plebe!

La plebe no tiene permitido hacer el amor: es demasiado bueno para ellos. Pero el problema es que cuando envenenas a todo el mundo, tú también quedas envenenado. Si envenenas el aire que respira la plebe, el aire que respire el rey también estará envenenado: no puede estar separado, todo es lo mismo. Cuando el sacerdote envenena a la plebe, al final él también se envenena. Cuando el político envenena el aire de la plebe, al final él también respira el mismo aire: no hay otro aire.

Un cura y un obispo estaban en esquinas opuestas de un vagón de tren durante un largo viaje. Al entrar el obispo, el cura guardó su copia de *Playboy* y comenzó a leer *Desde la Fe*. El obispo lo ignoró y empezó a resolver el crucigrama de *Desde la Fe*. Cundió el silencio.

Después de un rato, el cura trató de hacer conversación. Y cuando el obispo comenzó a rascarse la cabeza y hacer "ch ch ch", lo intentó de nuevo.

—¿Puedo ayudarle, monseñor?

—Tal vez. Sólo me falta una palabra. ¿Qué tiene seis letras, las últimas cuatro son g-i-n-a y es "esencialmente femenino"?

—Vaya, monseñor —dijo el cura después de una breve pausa—, ha de ser "Regina".

—¡Por supuesto, por supuesto! —dijo el obispo—. Dígame, jovencito, ¿podría prestarme una goma?

Cuando reprimes en la superficie, todo entra en lo profundo del inconsciente. Ahí está; el sexo no ha sido destruido. Afortunadamente, no ha sido destruido; sólo ha sido envenenado. No puede ser destruido, es energía vital. Se ha contaminado y puede purificarse. En eso consiste el proceso del tantra: un gran proceso de purificación.

Todos los problemas de tu vida pueden reducirse a tu problema sexual. Puedes seguir resolviendo tus demás problemas, pero nunca podrás solucionarlos, porque no son problemas reales. Y si resuelves tu problema sexual, todos los demás desaparecerán, porque habrás resuelto la base.

Pero te asusta siquiera verlo. Es así de simple: si puedes dejar de lado tu adiestramiento, es muy simple, es tan simple como este cuento...

Cierta solterona frustrada era una molestia para la policía: no dejaba de llamar para decir que había un hombre bajo su cama. Por fin la mandaron a un psiquiátrico, pero seguía diciéndoles a los médicos que había un hombre bajo su cama. Le dieron lo último en medicamentos y de pronto declaró que estaba curada.

—¿Es decir, señorita Rustifan, que ya no ve a un hombre bajo la cama?

—No, ya no. Ahora veo dos.

Un médico le dijo al otro que en realidad sólo había un tipo de inyección que curaría su queja, a la que llamó "virginidad maligna": ¿por qué no llevaban a su cuarto al Gran Dan, el carpintero del hospital?

Fueron por el Gran Dan, le dijeron cuál era su queja y que lo encerrarían con ella una hora. Él dijo que no tomaría tanto tiempo, y un grupo ansioso se reunió en el rellano. Oyeron: —No, detente, Dan. ¡Mi madre nunca me perdonaría!

—Deja de gritar, hay que hacerlo tarde o temprano. ¡Debió haberse hecho hace años!

—¡Entonces hazlo por la fuerza, salvaje!

—Es lo que tu esposo habría hecho, si tuvieras uno.

Incapaces de esperar, los médicos irrumpieron en el cuarto.

—¡La curé! —dijo el carpintero.

—¡Me curó! —dijo la señorita Rustifan.

Le había cortado las patas a la cama.

A veces la cura es muy simple y tú sigues haciendo mil y una cosas... ¡El carpintero lo hizo bien, tan sólo le cortó las patas a la cama y se acabó! ¿Dónde se escondería un hombre ahora?

El sexo es la raíz de casi todos tus problemas. Así tiene que ser, por culpa de miles de años de envenenamiento. Se requiere una gran purificación. El tantra puede purificar tu energía sexual. Escucha el mensaje del tantra, trata de entenderlo. Es un gran mensaje revolucionario. Está en contra de todos los sacerdotes y políticos. Está en contra de esos envenenadores que mataron la dicha en la Tierra para convertir al hombre en esclavo.

Recupera tu libertad. Recupera tu libertad de amar. Recupera tu libertad de amar y la vida ya no será un problema. Es un misterio, es un éxtasis. Es una bendición.

2. ÉL DIJO / ELLA DIJO: EL AMOR EN UNA RELACIÓN

Cuando conviertes al otro en tu posesión, te conviertes en posesión del otro. Funciona en ambos sentidos. Cuando reduces al otro a esclavo, el otro te reduce a esclavo a ti. Y cuando te aterra que el otro te deje, estás listo para las concesiones: estás listo para hacer cualquier concesión.

Verás que esto les pasa a todos los esposos y esposas. Hicieron concesiones, vendieron sus almas, por una sola razón: porque no pueden estar solos. Les da miedo que la mujer se vaya, que el hombre se vaya... ¿y luego? La mera idea es temible, aterradora.

La capacidad de estar solo es la capacidad de amar. Puede que te parezca paradójico, pero no lo es. Es una verdad existencial: sólo quienes son capaces de estar solos son capaces de amar, de compartir, de ir hasta el núcleo más profundo del otro... sin poseerlo, sin volverse dependientes, sin reducirlo a una cosa ni volverse adicto a él. Le permiten al otro una libertad absoluta, porque saben que si se va, estarán tan contentos como ahora. El otro no puede llevarse su felicidad, porque el otro no se la dio.

¿Entonces por qué quieren estar juntos? Ya no es una necesidad, es un lujo. Trata de comprenderlo. Las personas reales se aman entre sí por lujo: no es una necesidad. Disfrutan compartir: tienen tanta dicha que les gustaría desbordarla hacia alguien más. Y saben cómo tocar su vida como un solo instrumento.

¿Qué clase de amor es posible entre hombre y mujer?
¿Hay alguna posibilidad de relación entre un hombre
y una mujer que no esté enredada en el patrón de
sadomasoquismo usual?

Es una pregunta muy importante. Normalmente, las religiones la han vuelto imposible: han destruido cualquier relación hermosa entre hombre y mujer. Había una razón para destruirla: si la vida amorosa de las personas fuera plena, no verías a tanta gente rezando en las iglesias. Estarían haciendo el amor, amor de madrugada, los domingos. ¿A quién le importaría el idiota predicando en la iglesia? Si la vida amorosa de la gente fuera de contento y belleza inmensos, a nadie le importaría si Dios existe o no, si la filosofía predicada en la Biblia es verdad o no. Estarían muy satisfechos consigo mismos. De vez en cuando me sucede que al pasar por la calle junto a dos amantes que se están abrazando, ni siquiera me voltean a ver. Me siento tan contento: ¡han de estar en un lugar estupendo!

Las religiones destruyeron nuestro amor al crear el matrimonio. El matrimonio es el fin, no el principio: el amor terminó. Ahora eres un esposo y tu amada es una esposa. Ahora comienzan a dominarse, es política, ya no es amor. Ahora cada detallito se convierte en razón de discusión. El matrimonio va en contra de la naturaleza humana, así que tarde o temprano te vas a hartar de la mujer y la mujer se va a hartar de ti. Es natural, no hay nada de malo en ello. Por eso digo que no debería haber matrimonios, porque vuelven inmoral al mundo. Un hombre duerme con una mujer y no se aman, pero de todos modos intentan hacer el amor porque están casados: eso es feo, desagradable. A eso le llamo prostitución real.

Cuando un hombre acude a una prostituta, por lo menos es directo. Compra un producto. No compra a la mujer, compra un producto. Pero compró a la mujer entera en el matrimonio, para toda la vida. Todos los esposos y todas las esposas, sin excepción, están enjaulados, tratando de liberarse. Pero a veces, en países en los que el divorcio está permitido y logran cambiar de pareja en unos pocos días les espera una sorpresa. ¡La otra mujer o el otro hombre resulta ser una copia exacta del que abandonaron!

Recuerdo haber oído que un hombre se casó ocho veces; por supuesto, debe de haber sido en California. Cuando se casó la octava vez, luego de dos días reconoció que antes ya se había casado con esa mujer. Y comenzó a pensar: "¿Qué he ganado al cambiar de mujer? Siempre acabo en el mismo tedio".

La estabilidad en el matrimonio es antinatural, la monogamia es antinatural. El hombre es por naturaleza un animal polígamo, y cualquiera que sea inteligente será polígamo. No puedes seguir y seguir consumiendo comida italiana: ¡de vez en cuando querrás visitar el restaurante chino!

Quiero que la gente esté completamente libre del matrimonio y de las actas de matrimonio. La única causa de estar juntos debería ser el amor, no la ley. El amor debería ser la única ley; entonces lo que estás preguntando es posible. En el momento en el que desaparezca el amor, despídanse. No hay por qué pelear: el amor fue un regalo de la existencia; llegó como el viento y se fue como el viento. Estarán agradecidos con el otro. Puede que se separen, pero recordarán los hermosos momentos que tuvieron juntos. Seguirán siendo amigos, aunque no amantes. Normalmente, los amantes se vuelven enemigos cuando se separan. De hecho, se vuelven enemigos antes de separarse: por eso se separan.

En última instancia, si las dos personas son meditadoras, no sólo amantes, sino que tratan de transformar la energía amorosa en un estado meditativo... Y ésa es toda mi opinión respecto al hombre y su relación con la mujer. Es una energía tremenda, es vida. Si cuando haces el amor con tu mujer, los dos pueden entrar en un periodo silencioso, completamente callados, sin que pase un pensamiento por su mente —como si el tiempo se hubiera detenido—, entonces conocerán por primera vez el sabor real del amor. Ese tipo de relación puede perdurar toda la vida, porque ya no será sólo atracción biológica, que desaparece tarde o temprano.

Ahora se les abre una nueva dimensión. Tu mujer se ha convertido en tu templo, tu hombre se ha convertido en tu templo. Su amor se ha convertido en su meditación, y esa meditación sigue creciendo; y cuando está creciendo, comienzas a volverte más y más dichoso, más y más alimentado, más y más fortalecido. No hay relación, no hay cadenas que los unan. ¿Pero quién puede renunciar a la dicha? ¿Quién puede pedir el divorcio si hay tanta dicha? La gente pide el divorcio porque no hay dicha, sólo desesperación, una pesadilla las veinticuatro horas del día.

Mi gente aquí y en todo el mundo está aprendiendo que el amor sólo es el trampolín. Hay mucho más adelante, que sólo es posible si dos personas siguen siendo íntimas un periodo más largo de tiempo. Con una persona nueva, empiezas desde cero. Pero no hay necesidad de una persona nueva, porque ya no se trata del aspecto biológico o físico de ella, sino que han entrado en comunión espiritual.

Transformar el sexo en espiritualidad es mi enfoque básico. Y si los dos son amantes meditativos, no les importará que de vez en cuando tú visites un restaurante chino o ella visite uno continental, no habrá problema. Amas a la mujer: ¿si se siente contenta de vez en cuando con alguien más, qué hay de malo en ello? Debería alegrarte que esté contenta, la amas. Sólo los meditadores son capaces de deshacerse de los celos.

Sé amante; ése es un buen principio, pero no el fin. Sigue tratando de ser más meditativo. Y hazlo rápido, porque quizá tu amor se acabe con la luna de miel. Así que la meditación y el amor deberían ir de la mano. Si podemos crear un mundo en el que los amantes también sean meditadores, entonces no habrá problemas de tortura continua, irritación, celos, lastimarse de cualquier manera posible.

El amor sin meditación está condenado a convertirse en odio en cualquier momento —cuidado—, pero el amor con meditación se volverá más y más profundo, más y más intenso. Y quizá dos personas se sientan tan en sintonía, se sientan casi una sola, que les encantaría estar juntas para siempre. Pero no es una condición. Cualquier día, si uno de los dos decide: "Ahora salgo de esta encrucijada, me alejo de ti. Gracias por todo lo que hiciste. Recordaré todos los momentos hermosos, pero no puedo seguir", con eso basta. No se necesita una corte para que decida que están casados ni para que decida que están divorciados. ¿En qué mundo tan demente vivimos que ni siquiera nuestro amor es libre?

Y cuando digo que el amor debería ser nuestra libertad, me condenan por todo el mundo por ser el "gurú del sexo libre". Sin duda estoy a favor de la libertad amorosa. Y de cierta manera tienen razón: no quiero que el sexo sea una mercancía en el mercado. Tiene que estar libremente disponible: conque dos personas consientan, basta. Y ese consentimiento es sólo para ese momento: sin promesas futuras, porque se convierten en cadenas alrededor de tu cuello; te matarán. Sin promesas futuras. Sólo disfruta el momento. Y si al siguiente momento siguen juntos, podrán disfrutarlo más.

Así que no uso la palabra relación. Uso la palabra *relacionidad*. Pueden relacionarse, pero no creen una relación. Si relacionarse se convierte en un proceso de por vida, está bien. Si no, mejor. Tal vez ésta no era la pareja adecuada y estuvo bien que se separaran. Encuentra otra pareja. Debe de haber alguien esperándote en algún lugar. Pero esta sociedad no te permite descubrir quién te está esperando, quién va a encajar contigo.

Me llamarán inmoral. Para mí, ésta es la moralidad; lo que ellos están tratando de practicar es inmoral.

Enamorarse es muy fácil. ¿Por qué es tan difícil desenamorarse? Tantas discusiones, lágrimas, peleas, miedos... No quiero lastimar a la persona con la que he estado, porque no es como si no hubiera sentimientos. Estoy muy confundido. ¿Puedes decir algo?

¿Acaso hay algo que decir? ¡Todo está acabado!

Caer siempre es fácil. Puedes caer en cualquier zanja. Salir es lo difícil. Pero tendrás que salir. La gente cae en el amor como si fuera una zanja. Y en cuanto el amor desaparece, la zanja se vuelve un infierno. Hay discusiones, peleas, molestias y todo tipo de fealdades de ambas partes. Nadie quiere salir lastimado, pero como a él le duele, a ella le duele, sin saberlo siguen arrojándose sentimientos dolorosos el uno al otro.

En primer lugar, cuando comienzas a enamorarte, cuando aún no caes en la zanja, ése es el momento de preguntarme, porque tengo una forma totalmente diferente de romance llamada elevarse en amor. Entonces no hay problema. Elevarse en amor es hermoso, y salir es muy fácil, porque tan sólo será caer. Caer es fácil, déjalo para el siguiente paso; para el primero, siempre elévate.

Pero el paso fácil de caer ya lo diste. Ahora tienes que dar el difícil. Y sucederá: tantas lágrimas y conflictos, pero nada puede traer de vuelta el amor.

Hay que entender algo sencillo. El amor —el amor del que estás hablando— no está en tus manos. Caíste en él. No estaba en tu poder no caer, así que cuando llega, te lleva con él. Pero es como una brisa, viene y se va. Y es bueno que vaya y venga, porque si se queda, se estanca. Se requiere un poco de comprensión, por ambas partes, de que el amor ya no está ahí. No hay necesidad de odiarse, porque nadie lo destruyó. Nadie lo creó: llegó como una brisa, disfrutaron esos momentos; estén agradecidos el uno con el otro y ayúdense a salir de la zanja. Cuando estás en una zanja, ésa es la única manera. El hombre, para ser realmente masculino, debería prestarle sus hombros a la mujer para que se eleve y salga de la zanja. Entonces él podrá inventar sus propios movimientos para lograrlo.

Pero nadie me pregunta antes de caer. ¡Es raro! Durante 35 años he esperado que alguien me pregunte cómo enamorarse. Nadie pregunta eso, porque de haber preguntado, le habría sugerido: "Nunca te enamores, nunca caigas en el amor. Trata de elevarte". Y elevarse en amor es una cuestión totalmente distinta. Elevarse en amor implica un aprendizaje, un cambio, una madurez. Elevarte en amor, en última instancia, te ayuda a volverte adulto. Y dos personas adultas no pelean; tratan de comprender, tratan de resolver cualquier problema.

Cualquiera que se eleve en amor nunca caerá de él, porque elevarte es tu esfuerzo, y el amor que crece por tu esfuerzo está en tus manos. Pero enamorarte no es tu esfuerzo. Enamorarte... ese amor se va a alterar en algún momento, y entre más pronto se comprenda que se fue, mejor; de lo contrario, acabas demasiado enredado en mil y una cosas. Eso es lo que hace difícil separarse.

Cuando te enamoras, no hay preguntas. Estás limpio, la otra persona está limpia. Pero cuando te quieres separar, los días, las noches, los años que vivieron juntos, amaron juntos, vivieron uno de los regalos más hermosos de la naturaleza... te enredan. Se hacen promesas uno al otro... y no es que se estén mintiendo ni engañando. Durante esos hermosos momentos, esas promesas parecen venir por completo de tu corazón. Pero al pasar esos momentos —y pasarán, porque fue una caída y nadie puede quedarse caído por toda la eternidad; algún día se tiene que levantar—, en el instante en que comiencen a separarse, todos esos enredos, tus promesas, las de la otra persona, crean la complejidad.

Elevarse en amor es espiritual.

Enamorarse es biológico.

La biología es ciega, por eso se dice que el amor es ciego. Pero el amor del que estoy hablando es la única visión fácilmente disponible para todos. Sólo un pequeño esfuerzo...

El amor debería brotar de tu silencio, de tu conciencia, de tu meditatividad. Es suave, no encadena, ¿porque cómo podría el amor crear grilletes para el amado? Es darle libertad al otro, más y más. Conforme el amor se hace profundo, la libertad crece. Conforme el amor se hace profundo, comienzas a aceptar a la persona tal cual es. Dejas de tratar de cambiarla.

Una de las miserias del mundo es que los amantes están constantemente tratando de cambiar al otro. No saben que si la persona en verdad cambia, su amor desaparecerá, porque no se enamoraron de la persona cambiada. Se habían enamorado de una persona inmune a sus ideas de "cambia esto y aquello".

Al elevarte en amor, te vuelves consciente de que el otro tiene su propio imperativo territorial, y que no has de inmiscuirte en él. Si el amor se vuelve libertad, entonces no hay necesidad de separar. La idea de separación surge porque sigues viendo que cada vez te haces más y más esclavo, y a nadie le gusta la esclavitud.

Pero siempre me preguntan cuando están en la zanja sin poder salir. Una cosa es segura: ¡yo no voy a entrar a sacarlos! Ustedes dos tienen que lograrlo. ¡Si yo entro a la zanja para sacarlos, los dos terminarán afuera y yo adentro! Y no conozco a nadie a quien pueda preguntarle: "¿Cómo salgo de aquí?".

Nunca le he hecho una sola pregunta sobre mi vida a nadie. Es mi vida y yo tengo que vivirla, yo tengo que resolver mis problemas. Nunca he seguido consejos, nunca he aceptado el consejo de nadie, ni lo he pedido. Les he dicho: "Tienen que entender que los consejos son lo único que todo el mundo da gratis y nadie acepta". ¿Para qué molestarse? El consejo que te dé alguien a quien no se lo pediste no puede ser muy sabio.

El sabio nunca le impone sus ideas a nadie. Si alguien le pregunta, le da su opinión. No es un mandamiento para que tengan que hacerlo; no hay un "deberías" incluido.

Tan sólo puedo decir una cosa: se han dado momentos hermosos el uno al otro, sean agradecidos. La separación no debería de ser fea. Si el encuentro fue tan hermoso, le deben a la existencia que la separación sea hermosa. Olviden todas sus promesas: estaban bien cuando las hicieron, pero los tiempos han cambiado, ustedes han cambiado. Los dos están en una encrucijada, listos para moverse en direcciones diferentes; quizá nunca vuelvan a encontrarse. Háganlo lo más grácil posible. Y cuando comprendan que tiene que pasar, con gracia o sin ella, entonces es mejor que sea grácil.

Por lo menos tu amante vivirá en tu memoria; tú vivirás en la memoria de tu amante. De cierta forma, esos momentos juntos te enriquecerán siempre. Pero sepárense con gracia. Y no es difícil cuando has entendido el amor, que es un fenómeno muy difícil.

Caíste sin pensarlo dos veces; puedes comprender que ese amor tan fácil haya desaparecido. Acepten esa verdad y no se culpen entre ustedes, porque nadie es responsable. Ayúdense con gracia; sepárense en amistad profunda.

Cuando los amantes se separan, se vuelven enemigos. Es una extraña forma de gratitud. Deberían volverse amigos de verdad. Y si el amor se puede volver amistad, no hay culpa, resentimiento, ni sentimiento de engaño, de explotación. Nadie explotó a nadie; fue la energía biológica la que te cegó.

Yo enseño una forma diferente de amor. No termina en la amistad, sino que comienza en la amistad. Comienza en silencio, en conciencia. Es un amor de creación propia, que no es ciego.

Un amor así puede durar para siempre, puede seguir haciéndose más y más profundo. Tal amor es inmensamente sensible. En ese tipo de relación uno comienza a sentir la necesidad de la otra persona incluso antes de que hable. He conocido algunas parejas, muy pocas... conozco muchas parejas, pero sólo me he encontrado dos o tres que en vez de caer en el amor se elevaron en él. Y lo más milagroso de ellos es que comenzaron a sentirse sin palabras. Si el hombre sentía sed, la mujer le llevaba agua. No se dice nada, tan sólo hay sincronía. Si el amado tiene sed, ella debe sentir sed. Está sucediendo una transferencia continua, no hay necesidad de palabras. Las energías se pueden relacionar directamente sin lenguaje.

Un amor así no necesita nada del otro. Está agradecido de que el otro reciba algo cuando él o ella ofrecen. Nunca siente ningún tipo de grillete, porque no lo hay. En un amor así, el sexo puede suceder a veces, puede no suceder en meses y al final desaparecerá por completo. En ese contexto, el sexo ya no es sexual, sino una forma de estar juntos, de entrar lo más profundo en el otro, un esfuerzo por alcanzar las profundidades del otro. No tiene nada que ver con reproducción biológica.

Y cuando comienzan a entender que no importa lo que hagan... En el sexo, sólo sus cuerpos se encuentran; entonces el sexo desaparece lentamente. Entonces empieza a suceder otro tipo de encuentro, que tan sólo es un encuentro de energías. Tomarse de la mano, sentarse juntos a mirar las estrellas es más de lo que puede dar cualquier orgasmo sexual: la fusión de dos energías.

El orgasmo sexual es físico, está destinado a ser la clase más baja. Un orgasmo no físico tiene una belleza tremenda y lleva a la autorrealización. Y si el amor no te puede dar iluminación, no lo llames amor. Amor es una palabra hermosa. Cuando dices "enamorarse", estás usando la palabra de una manera fea. Di "ensexarse", sé honesto. En el amor uno siempre se eleva.

Pero primero tienes que salir de la zanja. Ayúdense. La biología no va a ayudar. Sean humanos el uno con el otro y comprendan que el amor que los cegaba ya no está. Sus ojos están abiertos. No traten de engañar al otro diciendo que aún aman, que aún sienten, pero qué hacer... Ese tipo de hipocresía no es buena. Simplemente digan: "El sentimiento ya no está. Me da tristeza y lo siento, me habría encantado que estuviera, pero no está. Y sé que tampoco está en ti". Una vez que se comprenda que el sentimiento se fue, por lo menos, como seres humanos, ayúdense a salir de la zanja. Si se ayudan, no hay problema.

Pero en vez de ayudar, cada uno quiere que se acabe y no le permite salir al otro. No dejan de jalarse hacia abajo. Comprendan: la razón es el miedo. El antiguo amor se fue, el nuevo no ha llegado. No puede llegar en tu zanja, ¡primero tienes que salir! Así que es miedo a lo desconocido. El pasado fue tan hermoso que te gustaría repetirlo. Así que tratas de forzarlo, el otro trata de forzarlo. Pero no está en tu poder forzar esas cosas. Un amor forzado no es amor.

Si tienes que besar a alguien a punta de espada —"¡Besa!"—, ¿qué clase de beso será? Al ver la espada, puede que beses, pero no será un beso en absoluto. Cualquier amor forzado, por cualquier razón, no será amor. Y los dos saben lo que es el amor, porque habían estado enamorados en esos momentos, así que pueden comparar fácilmente y saber que no es lo mismo. Ayúdense a salir —es muy fácil si se ayudan— y sepárense con gracia.

La próxima vez trata de no caer, sino de elevarte. No dejes que la biología te domine. Tu conciencia debería ser el amo.

¿Puedes describir las diferentes cualidades de un
hombre y una mujer maduros?

Lo primero para que ambos sean maduros es tener la mayor cantidad posible de experiencias sexuales entre los catorce y los veintiún años. Y ésa es la edad a la que les dicen a los chicos que repriman su sexualidad en todas las sociedades. Eso es algo inmensamente importante: si se reprime la sexualidad, la inteligencia se reprime automáticamente. Crecen juntas. Te sorprenderá saber que en la Primera Guerra Mundial, por primera vez, revisaron la edad mental de los soldados, y fue un hecho sorprendente que, en todas las naciones, la edad mental promedio de un soldado era de trece años, aunque su edad física fuera de treinta. ¿Qué pasó a los trece años? Ése es el momento, en algún punto entre trece y catorce años, en el que un hombre se vuelve sexualmente maduro. Si reprimes su sexualidad, también reprimes su inteligencia.

Lo segundo que hay que recordar es que a los dieciocho años de edad el hombre y la mujer están en el ápice de su potencia sexual. Pueden tener la mejor experiencia orgásmica, como no la van a vivir nunca más. Y todas las culturas y sociedades siguen forzando a sus hijos... a quedarse célibes hasta los veinticinco.

Es muy destructivo. Por un lado, esto mantiene la mente en una edad de trece años, atascada, retrasada. Y además, quien no haya tenido una experiencia orgásmica a los dieciocho, nunca la tendrá; haga lo que haga, no servirá para nada. Y perderse esa experiencia es perderse de algo inmensamente valioso: la posibilidad más placentera, gozosa, extática, disponible gracias a la biología. La gente es miserable, sufre, está tensa, angustiada, busca el sentido de la vida y nunca lo encuentra. Perdieron algo que les habría ayudado a encontrar el sentido de la vida.

¿Así que no hay oportunidad después de los dieciocho?
Digo, si alguien no tiene esa experiencia a los
dieciocho, ¿la perdió para siempre?

No, hay una posibilidad, pero entonces no será meramente natural; la persona va a tener que hacer algo. Ahí es donde entra la meditación. Si tuvo la experiencia biológicamente, fue natural; no estaba haciendo nada, sucedió. Si pasó de forma natural, la meditación es muy fácil, porque ya conoce la experiencia. No necesitaba creer en la meditación, sabe que tal experiencia existe. La logró por medio del sexo.

Se logra sólo con meditación, con un método. Pero si alguien conoce la experiencia, cuando comience cualquier experimentación meditativa empezará a sentir que se está acercando a esa experiencia, a su fragancia, a su frescura; sabrá que va en la dirección correcta. Puede ver que la llama está ahí, sólo un poco más y estará allá. Así que si alguien se lo ha perdido —y la mayoría de la gente se lo ha perdido—, la meditación puede darle esa experiencia. Pero es un poquito difícil... tan sólo porque no tienen ninguna experiencia pasada que la apoye.

Por eso creé comunas por todo el mundo en las que tanta gente medita. Alguien está más avanzado que tú, alguien está atrás, alguien está muy avanzado. Eso te da un aliento tremendo, no hay de qué preocuparse: la gente está yendo, la gente está alcanzando el punto. Y si resulta que tienes un guía que ya llegó, entonces su sola presencia, su amor, te mantendrá alentado. Habrá momentos en los que creas que es fútil, pero él no dejará de alentarte: "No te preocupes, sólo un poco más".

Hay una anécdota hermosa en la vida de Buda. Está yendo hacia una aldea; están muy cansados, llevan caminando todo el día. Su discípulo, Ananda, le pregunta a un aldeano que trabaja su campo:

—¿Qué tan lejos queda la aldea?

El aldeano dice:

—No mucho, sólo tres kilómetros y habrán llegado.

Recobran el valor y comienzan a moverse. "¿Sólo tres kilómetros? Muy bien". Llevan caminando todo el día: tres kilómetros no es nada; lo pueden lograr. Pero caminaron tres kilómetros y la aldea no estaba ahí.

Se encuentran a otro aldeano, que está llevando sus vacas al campo, y le preguntan:

—¿Qué tan lejos queda la aldea?

Les dice:

—Muy cerca, sólo tres kilómetros.

Ananda le dice a Buda:

—¡Estos aldeanos son muy raros! El otro dijo tres kilómetros y caminamos tres kilómetros. Éste también dice que tres kilómetros, pero ahora no creo que lleguemos.

Entonces Buda dice:

—Con tres kilómetros bastará.

Caminan tres kilómetros y otra vez no hay aldea.

Se encuentran a una vieja sentada junto al camino, y le preguntan.

—Es muy cerca —dice—. Yo estoy descansando, pero para allá voy; adelántense. Son sólo tres kilómetros.

Ananda dice:

—Esta aldea parece estar completamente llena de mentirosos. ¡Ya caminamos más de nueve kilómetros y siguen siendo sólo tres!

—Ananda, tú no lo sabes —dice Buda—. Yo lo sé, porque es lo que he estado haciendo toda mi vida. Cada vez que uno de mis discípulos me pregunta: "¿Qué tan lejos?", yo contesto: "¡Sólo tres kilómetros!"

¿Y entonces qué hay de las cualidades de un hombre y una mujer maduros?

La experiencia orgásmica es la cualidad básica de la madurez. Por eso hay tan pocos hombres y mujeres maduros en la Tierra.

¿Puedes sugerir un método sencillo de meditación para amantes, para que encuentren su camino?

El método más sencillo para amantes es que cuando hagan el amor, lo conviertan en una experiencia sagrada.

Todas las religiones destruyeron la sacralidad del amor. Lo condenaron como un pecado. Y el condicionamiento ha entrado tan profundo en la mente humana que la gente hace el amor a las prisas, como si quisieran terminar lo antes posible. Naturalmente, ¡si es un pecado, mejor que acabe pronto! Sus corazones están cargados de culpa; sus mentes, completamente llenas de pecado.

Si los amantes quieren hacer del amor una experiencia meditativa, entonces lo primero es deshacerse de la idea de que es un pecado, de que está mal. Es algo inmensamente hermoso, un regalo tremendo de la naturaleza, de la existencia, por el cual no deberían sentirse culpables, sino agradecidos. Y para mostrar tu gratitud, tienes que hacerle un lugar especial.

En todas las casas de todas las parejas que se lo puedan permitir debería haber un cuarto reservado para el amor: ninguna otra vibra ahí: ni peleas, ni discusiones, ni aventarse almohadas. Deberían entrar al cuarto después de tomar un baño, como si entraran a un templo. El cuarto debería estar lleno de incienso; no debería haber focos deslumbrantes, sólo velas, luz tenue.

Y no deberían hacerlo a las prisas, porque el preámbulo es inmensamente importante, por la sencilla razón de que todo el cuerpo de la mujer es erótico. No todo el cuerpo del hombre es erótico: su sexualidad es local, está limitada a sus genitales. Pero todo el cuerpo de la mujer es erótico, y a menos de que todo su cuerpo comience a vibrar de dicha, de éxtasis, no tendrá una experiencia orgásmica. Si el hombre juega lo suficiente con el cuerpo de la mujer, la mujer juega lo suficiente con el cuerpo del hombre... y la técnica meditativa es: mientras jueguen con el cuerpo del otro, sigan siendo testigos, no se identifiquen. Así que hay cuatro personas, no dos: la mujer y la testigo en su interior, el hombre y el testigo en su interior. El testigo sólo observa lo que el hombre le hace a la mujer, lo que la mujer le hace al hombre. El testigo no tiene juicios de bien y mal; es como un espejo, sólo muestra lo que sucede.

Ese atestiguar no es más que conciencia, estar alerta. Y en particular durante el preámbulo, si estás consciente, alerta, entonces existe la posibilidad de que ambos sepan el momento exacto en que sus cuerpos están listos para hacer el amor. Sentirán la bioelectricidad del cuerpo del otro.

Cuando comiencen a hacer el amor, no lo hagan a las prisas. Dejen que la mujer siempre esté arriba. La postura del misionero es la peor del mundo. En Oriente, antes de que llegaran los cristianos, nadie sabía que el hombre podía ir arriba. Es brutal, es feo. ¡La mujer es delicada y un animal enorme está haciendo lagartijas encima de ella! En la India la llaman "postura del misionero", porque no la conocieron sino hasta que llegaron los misioneros allá. Hicieron ver a India que eso también era posible; de lo contrario, la mujer siempre debe estar arriba. Y científicamente es correcto que la mujer esté arriba, porque entonces puede estar más activa y el hombre menos. Si el hombre está arriba, la mujer no puede ser más activa: él es más activo. Si él es más activo, llega a la eyaculación muy pronto y la mujer no ha llegado al punto en el que pueda tener un orgasmo. Si la mujer está arriba y está activa y el hombre se queda inactivo, la mayor probabilidad es que cuando la mujer llegue al orgasmo, el hombre lo haga también. Y si los dos llegan al orgasmo al mismo tiempo, entonces habrá un encuentro y fusión tremendos, como si los cuerpos desaparecieran y las dos almas ya no fueran dos almas, los dos seres ya no fueran dos seres.

Y el atestiguar continúa. Lo que continúa es tu trabajo meditativo interno: estás atestiguando.

Cuando se asiente tu orgasmo, desapareciendo despacio, despacio, obsérvalo. Observa cómo asciende, cómo explota, cómo comienza a asentarse otra vez hasta llegar al estado normal de sus cuerpos. Entonces no tengan prisa por separarse; quédense juntos un rato. En el tantra a eso se le llama: "orgasmo valle". Millones de personas no lo conocen. El primer orgasmo fue el orgasmo cumbre: se encontraron en la cumbre de su energía. Ahora la cumbre desapareció, pero toda cumbre tiene un valle al lado; sin valle no puede haber cumbre. Así que si se pueden quedar observando en silencio, quedarán maravillados: hay otro orgasmo con una belleza totalmente distinta, una profundidad distinta, una dicha distinta: el orgasmo valle.

No se separen hasta que desaparezca el orgasmo valle y vuelvan a su estado normal. Mientras tanto, todo el tiempo continúa el atestiguar. Cuando se separen, no se vayan a dormir. Hay algo muy esencial aún, el epílogo. Han hecho tal agitación en la energía del cuerpo del otro, en la energía de su mente, que esto es necesario: masajéense los cuerpos, jueguen con el cuerpo del otro. Y tengan incienso, flores, velas, música hermosa... si tienen ganas de danzar, bailen. Pero el atestiguar continúa.

¿Por qué insisto en que el atestiguar continúa? Hago hincapié porque si lo hacen muchas veces, entonces un día podrás intentar atestiguar sin tu hombre, sin tu mujer: solo. En el mismo cuarto, en la misma atmósfera, con el mismo incienso que cree los mismos recuerdos, la misma luz, el mismo entorno, comienza solo a atestiguar, ahí sentado. Y te llevarás una gran sorpresa. Todo lo que ha sucedido con la mujer o con el hombre comenzará a suceder dentro de ti, sin la mujer o el hombre. Comenzarás a moverte lentamente hacia el orgasmo cumbre —la misma experiencia sin expresión física, biológica— y alcanzarás el orgasmo valle, la misma experiencia. Aprendiste a meditar por medio del amor y también aprendiste a amar por medio de la meditación; seguirán enriqueciéndose entre sí.

Eso les dará madurez a las dos personas, y la madurez liberará su inteligencia, conciencia, amorosidad y compasión reprimidas. Y destruirá los celos, el enojo, el odio. Traerá cambios tremendos en ustedes. Esos cambios serán la prueba de que van por buen camino.

3. ENCARCELADO POR LA MENTE

No puedo decirte qué es el amor, pero sí puedo decirte cómo encontrar tu alma. Ése es todo mi trabajo: ayudarte a meditar, ayudarte a volverte más consciente, alerta, para que despacio, despacio, comiences a ver que no sólo eres el cuerpo, que ni siquiera eres sólo la mente, que hay algo más escondido detrás de todo, que es tu vida real. Y cuando te vuelvas consciente de tu vida real, de tu ser, sabrás que la dicha de ser es tan desbordante que uno quiere compartirla con alguien receptivo, disponible, dispuesto a abrir su corazón.

El encuentro de dos conciencias es amor.

Descubre tu conciencia y encontrarás el amor. Es una experiencia, y no hay manera de decir más de lo que he dicho al respecto. El encuentro de dos conciencias fundiéndose trae el mayor orgasmo permitido por el universo.

Pero antes de eso, tienes que alejarte del cuerpo y de la mente y del corazón, y alcanzar el mero centro de tu ser. Cuando alcances el centro de tu ser, verás que irradias amor. No es algo que tú hagas. Será como si el sol hubiera salido y las flores se hubieran abierto, y el aire se hubiera llenado de su fragancia.

El amor es un resultado de la meditación.

Sólo los meditadores saben lo que es el amor.

Gran parte de mi mente católica ha estado tensa por luchar por poder, aprobación, amor, sexo. La meditación despierta la frustración. ¿Puedes decir algo?

La mente, cualquier tipo de mente —católica o comunista, judía o jainista— es igual. La mente es una enfermedad, y toda mente crea una prisión a tu alrededor. Hay diferentes tipos de prisiones; su arquitectura es diferente, están hechas de materiales diferentes. Algunas están hechas de piedra, algunas de ladrillo, algunas de madera y así sucesivamente, pero no importa. El material no importa: estás encarcelado. Una mente católica tiene conceptos diferentes, una mente hindú está arraigada en una ideología distinta, pero toda mente necesita una ideología. Incluso el ateo vive en una prisión, aunque no crea en Dios. Piensa que es un incrédulo; no lo es. Su incredulidad es su creencia. Fanáticamente descree de la misma forma fanática en que los creyentes creen, a veces es incluso más fanático. Porque la gente que cree en Dios sólo recuerda a Dios de vez en cuando, quizá los domingos —si es una religión de domingo—, pero el ateo argumenta constantemente contra Dios. Recuerda constantemente a Dios.

Hay una historia muy bella en las escrituras indias:

Cuando Narada, un devoto, un gran devoto, estaba muriendo, Dios se le apareció —tales cosas solían suceder en el pasado. Ya no pasan—. Y Dios le preguntó qué quería, si tenía algún deseo que pudiera cumplir en su siguiente vida.

—Sí —dijo—, me gustaría nacer ateo.

Incluso Dios quedó perplejo. Recuerda que tales cosas solían suceder en el pasado. Ahora ya no pasan.

—¿Qué? —preguntó Dios—. ¿Quieres ser ateo? ¿Un devoto tal, un creyente tal, un hombre religioso tal que no ha parado de cantar mi nombre?

—Sí —dijo Narada—, porque aunque sea un devoto, constantemente te olvido, pero he visto ateos que nunca lo hacen. Por eso quiero ser ateo la próxima vez, para recordarte constantemente. No quiero olvidarte ni por un instante. Ahora tan sólo eres un artículo en mi mente. Pero para un ateo pareces ser todo su corazón: aunque te niegue, te recuerda. Así que dame esa bendición, nacer ateo para hablar de ti constantemente.

Esa historia es hermosa. Dice de una forma muy simbólica que el ateo y el teísta no están en barcos distintos.

El comunista no deja de argumentar contra Dios. Ahora no tiene nada que ver con Dios, no quiere nada con Dios. ¿Cómo estaba relacionado Karl Marx con Dios? Dios no influye en la economía, no es una teoría económica, ni nada. Pero Marx estaba obsesionado, constantemente obsesionado. Una y otra vez negó a Dios, como si Dios lo acechara.

Todos son fanáticos. Creyentes, no creyentes, hindúes, mahometanos, cristianos... todos son fanáticos. Y el fanático nunca ve los hechos; por eso es fanático. Su credo es: "Nosotros tenemos la razón, y no se distraigan con los hechos: no importa lo que digan, sin duda están equivocados". Su credo es: "Ya concluimos lo que es verdad. Ahora los hechos tienen que encajar en nuestro credo, y no viceversa". Todas las llamadas ideologías han creado un pueblo muy tullido.

Por supuesto, la mente católica es una de las más tullidas y paralizadas del mundo, porque es represora, y cuando reprimes algo, te afeas. Lo que se reprima se queda ahí. No sólo se queda ahí, sino que se vuelve más potente cada día. Acumula energía.

Si lo expresas, se evapora. Por ejemplo, un hombre que se enoja de manera ordinaria, como todo el mundo —si lo insultas, se enoja—, no es una persona peligrosa, porque nunca acumulará tanto enojo como para volverse peligroso. Pero un hombre que de continuo reprime su enojo está sentado sobre un volcán. Cualquier día puede hacer erupción: o se suicidará o asesinará a alguien más; menos que eso no le va a bastar.

Es a causa de las religiones represoras que existe tanta pornografía en el mundo. La pornografía existe por los sacerdotes, no por los vividores. De hecho, los vividores no son más que resultado de los sacerdotes. Hay tanta pornografía simplemente porque se ha reprimido tanto el sexo: éste quiere encontrar alguna vía, alguna salida. En cuanto reprimes el sexo, éste comienza a encontrar maneras pervertidas. Se puede volver un viaje político: es sexualidad, nada más, sexualidad reprimida. Por eso se reprime el sexo en todos los ejércitos del mundo. Y los soldados estadounidenses han estado constantemente en problemas por la sencilla razón de que es la primera vez que se le permite una salida sexual a un ejército. Los soldados estadounidenses no pueden ganar; su derrota es segura. No importa lo que hagan, no importa a dónde vayan, los derrotarán por la sencilla razón de que son un fenómeno nuevo en el mundo: no están reprimidos sexualmente. No pueden ganar contra los rusos... ni siquiera pudieron ganar contra los vietnamitas. Los pobres vietnamitas derrotaron a una de las mayores potencias mundiales de la historia por la sencilla razón de que si se reprime el sexo, un hombre es muy peligroso,

peligroso en serio: está hirviendo por dentro. Quiere pegar duro, quiere ser violento. Y a una persona sexualmente satisfecha en realidad no le interesa matar. De hecho, todos los sondeos de los ejércitos estadounidenses muestran que por lo menos 30% de los soldados no usaron sus armas durante la guerra; ¡30% es un porcentaje alto! Y si 30% de los soldados ni siquiera está usando sus armas, si sólo van al frente todos los días y regresan sin haber matado a nadie, ¿cómo van a ganar? No les interesa matar, no hay deseo asesino.

El instinto asesino sólo surge si se reprime mucho el sexo. Es un hecho extraño que siempre que una sociedad haya sido próspera, rica, sexualmente libre, la hayan destruido sociedades pobres, retrógradas y represoras. Ése fue el destino de la civilización griega; ése fue el destino de la civilización romana; ése fue el destino de la civilización hindú y ése será el destino de la civilización estadounidense. Es muy extraño que entre más evolucionada sea una sociedad, más vulnerable sea a que la destruyan fácilmente las menos evolucionadas, porque las menos evolucionadas son más represoras; son más tontas, son más estúpidas, siguen escuchando a los sacerdotes. Ésa es la gente tonta, pero la gente tonta es peligrosa. Pueden vencer a cualquiera porque reprimen tanto la sexualidad, reprimen tanta energía, que está lista para estallar. Cualquier excusa basta.

Ésa es la gente responsable de todas las violaciones en el mundo. Ésa es la experiencia de mis sannyasins femeninas en la India. Es un verdadero sacrificio estar aquí conmigo, porque a dondequiera que vayan, los llamados hindúes cultos y religiosos las verán con ojos ávidos, como si sólo existieran para hacerlas trizas. Y cada vez que tienen oportunidad, las golpean, las empujan, les hacen cualquier cosa fea que puedan hacerles. Las han acosado y violado. ¡Y son los grandes hindúes, el gran pueblo religioso, el gran pueblo espiritual del mundo! Pero es natural, no veo ninguna contradicción. Así es la represión: surge a la menor oportunidad.

Me preguntas: "Gran parte de mi mente católica ha estado tensa...". No puede ser de otra manera. Tienes que deshacerte de ella, de raíz. No puedes salvar nada. No trates de salvar nada, porque todo está contaminado.

Dices: "Ha estado tensa por luchar por poder...". Así debe ser. Si se reprime el sexo, empieza a moverse en otras dimensiones. Se vuelve un gran deseo de poder. Si se reprime el sexo, empiezas a pedir aprobación; es un pobre sustituto del amor, del aprecio. Y ahora que estás aquí, te estás dando cuenta de que hay una gran necesidad de amor, pero tienes miedo: tu mente católica está en contra del amor. La mente católica dice: "Ama sólo a Dios". ¿Cómo puedes amar a Dios? Es un sinsentido. Tienes que amar a los seres humanos; ésa es la única manera de amar a Dios. Amor incondicional, amor sin exigencias. Pero tienes que amar a la gente que te rodea: son las formas disponibles de Dios; no puedes amar lo informe. "Ama a Dios —dicen— y evita al hombre". Ahora les están enseñando a las monjas: "Amen a Cristo", y las llaman "esposas de Cristo". ¡Qué disparate! El tipo nunca se casó y ahora todas esas monjas están casadas con el pobre hombre: "Esposas de Cristo". Y por supuesto comienzan a imaginarse, a proyectarse, y su mente comienza a jugarles trucos.

Si investigas la historia de los monasterios y conventos de la Edad Media, te vas a sorprender. Hay miles de casos registrados de monjas violadas por el demonio y sus discípulos; no sólo eso, sino que incluso tenían embarazos falsos. ¡Qué imaginación! Cuando una mujer imagina, puede imaginarse cosas brutales. Los hombres no tienen esa capacidad imaginativa, pero las mujeres sí que pueden imaginar. Las mujeres confesaron en la corte. ¿Y qué hizo la corte? Estaba conformada por obispos, arzobispos, papas. Les pidieron detalles; de hecho estaban disfrutando lo más posible los detalles de cómo el demonio les había hecho el amor a las monjas. Si miras los detalles, verás que son más pornográficos, más obscenos que cualquier otra cosa jamás escrita. Tuvieron que confesar y confesaron cosas extrañas: que el demonio entró por la noche y les hizo el amor, y que fueron totalmente incapaces... no pudieron hacer nada más. ¿Qué podían hacer si el demonio llegaba a poseerlas? Todo tipo de perversiones sexuales surgieron de los monasterios. El sexo nunca se habría pervertido de no ser por los monasterios y conventos. Y todo el mundo está dominado por algún tipo de represión.

Tienes que deshacerte por completo de esa mente. Dices: "La meditación despierta la frustración". Despertará la frustración. No tiene nada que ver con la meditación: la meditación tan sólo te acerca a tu realidad, y ese encuentro es frustrante. Al ver la fealdad de tu propia mente, te frustras. Pero no te preocupes. La meditación está sacando todo lo que tienes reprimido; tendrás que pasar por eso. Si sabes qué hay ahí, puedes deshacerte de eso; si no lo sabes, ¿cómo podrás deshacerte de eso? Antes de deshacerse de algo hay que conocerlo, comprenderlo bien. De hecho, comprenderlo a la perfección es la única manera de deshacerse de eso.

Y el día en que te deshagas por completo de tu mente estarás libre de los sacerdotes. Los sacerdotes son la gente más astuta del mundo y la más tonta también, porque sólo los tontos son astutos. La gente inteligente nunca es astuta. No necesita ser astuta: la inteligencia basta. Cuando no eres inteligente, tienes que ser astuto como sustituto; tienes que aprender los caminos de la astucia. Pero, recuerda, todos esos sacerdotes —católicos o protestantes, hindúes o mahometanos—, todos esos ayatolas y esos mulás y esos pandits son estúpidos, pero han dominado a la humanidad y la han reducido a una gran masa de estupidez. ¡Sal de ahí!

La meditación, por fuerza, despertará todo lo que te han hecho durante siglos, pero eso no se puede evitar. Si quieres evitarlo, te quedarás igual. Tienes que pasar por el dolor de ver todas las cosas feas en tu interior. Pero es mejor verlas y pasar por eso para alcanzar tu núcleo central y poder encontrar tu inteligencia intrínseca, para encontrar tu conciencia perdida. Cuando estés libre de los sacerdotes, serás libre de la estupidez. Entonces no serás católico, ni cristiano, ni hindú, ni mahometano. Entonces serás sencillamente un ser humano y una gran belleza surgirá en ti.

Un sacerdote católico entró a una tienda de mascotas para comprar un perico. Le mostraron uno particularmente fino que le gustó, pero lo desconcertaron los dos hilos atados a sus patas.

—¿Para qué son? —le preguntó al encargado.

—Bueno, padre —fue la respuesta—. Ésa es una característica muy inusual de este perico. Verá, padre, es un perico entrenado; solía estar en el circo. Si jala el hilo de su pata izquierda, dice: "Hola", y si jala el de la derecha, dice: "Adiós".

—¿Y qué pasa si jalo los dos al mismo tiempo?

—¡Me caigo de la percha, idiota! —gritó el perico.

Incluso los pericos son mucho más inteligentes que tus sacerdotes, que tus políticos, que la gente que te ha estado dominando. Deshazte de ellos.

La meditación es el proceso de deshacerte de todo el pasado, de deshacerte de todas las enfermedades, de deshacerte de toda la pus que traes acumulada. Es doloroso, pero purifica, y no hay otra manera de purificarte.

¿Por qué todo el mundo quiere demostrar y afirmarse?
¿Cuál es la psicología detrás de demostrar
y afirmar la propia valía?

La psicología detrás de afirmarse, de demostrar la propia valía, es muy sencilla. A todo niño, desde el principio, se le dice que no es lo que debería ser. Le inculcan disciplina y se le dan órdenes que tiene que cumplir. Si no puede, comienza a sentirse inferior. Parece que otros los están cumpliendo, que sólo él no es capaz. Y el complejo de inferioridad es la enfermedad mental básica de la que provienen muchas más.

Ningún niño nace con complejo de inferioridad. Son los padres, los maestros, los sacerdotes, la sociedad, la cultura los responsables de crear el complejo de inferioridad en el niño. Y la única manera de que el niño se deshaga de él parece ser demostrarse digno según las expectativas ajenas. Crea una situación muy miserable. No está creciendo hacia su propio potencial, está siguiendo lineamientos que le dieron los demás. Se convertirá en alguien más, que por naturaleza se supone que no debe ser. Nunca será feliz; la miseria será su sino. Quizá logre afirmarse; quizá no logre demostrarse digno o quizá sí: sin importar lo que suceda, la miseria será el resultado final.

Si se muestra digno a ojos de los demás y se vuelve respetable, sonreirá... pero en su ser no brotarán las flores. Se mostrará digno, pero en su interior sabrá que se traicionó a sí mismo. Cometió el mayor crimen posible: traicionó su propia naturaleza. Fue contra la existencia y le hizo caso a toda clase de idiotas.

Si triunfa, será miserable. Si no triunfa, por supuesto que será miserable: fracasó. Los demás tenían razón, básicamente es inferior, no pertenece a la clase alta, pertenece a la baja. Duele, porque ningún individuo es más alto que otro.

No me refiero a que todos seamos iguales. No soy comunista. El comunismo, para mí, es obsoleto. Está tan muerto como el cristianismo, el budismo, el islam. Mi enfoque es totalmente distinto.

En el pasado éstas eran las únicas dos alternativas: o bien los hombres son iguales —igualdad de todos los seres humanos— o bien son desiguales. Yo tengo una tercera alternativa: la gente es única, incomparable. No se puede comparar, ¿así que cómo puedes decir quién es inferior y quién superior? ¿Acaso la margarita es inferior a la rosa? ¿Pero cómo puedes decidir? Son únicas en su individualidad. Toda la existencia sólo produce gente única; no cree en copias al carbón. Así la cuestión de la igualdad o desigualdad no surge; la corté de raíz.

Hay una leyenda griega:

Un rey loco tenía una casa hermosa hecha sólo para invitados, y había hecho una cama de oro. Cuando el invitado entraba a la casa —los invitados también eran reyes— no podía creer que fuera a recibir una bienvenida tan cálida, tanto respeto y honor:

—¡Y la gente cree que este hombre está loco! No lo está.

Pero pronto descubría que sí.

Su locura era que el invitado tenía que caber en la cama. Si era más largo que ella, tenía que achaparrarlo: le cortaba parte de las piernas. Si era más corto —creo que el hombre fue el inventor de la tracción—, el rey tenía luchadores muy grandes que jalaban al invitado desde ambos extremos para hacer que cupiera exactamente en la cama. No importaba que viviera o muriera: ¡lo importante era el tamaño de la cama! Casi siempre, el hombre moría.

Esa idea de volver a todos iguales, cortarlos con el mismo molde —económico, educativo u otro— es absurda, porque la desigualdad emergerá en otras dimensiones. La gente no es igual de hermosa: entonces la cirugía plástica del mañana tiene que hacer a toda la gente igual de hermosa. Su color no es el mismo: entonces algún día tendrán que inyectarla con pigmentos para hacerlo igual.

Todo es único; no puedes encontrar a dos personas iguales... ¡y el comunismo tiene la idea de que toda la humanidad tiene que ser igual! Intelectualmente no la puedes volver igual. El genio de un músico y el genio de un matemático son mundos totalmente diferentes. Si quieres que sean iguales, entonces tendrás que destruir las alturas, las cumbres del genio, y reducirlas al menor denominador. Entonces el comunismo será la mayor masacre que aflija a la humanidad en toda la historia.

Yo estoy a favor de la singularidad del hombre.

Sí, todas las personas deberían tener las mismas oportunidades de ser ellas mismas. En otras palabras, todas las personas deberían tener las mismas oportunidades de ser desiguales, únicas. Pueden darse las oportunidades, pero el matemático debería convertirse en matemático y el músico debería convertirse en músico. Pero ninguna sociedad hasta ahora le ha permitido esa libertad al individuo.

Crees que eres libre. Sólo vives una ilusión. La humanidad sólo será libre el día en que los niños no tengan complejo de inferioridad; de lo contrario, la libertad será hipocresía. Los demás están tratando de convertirte en títere. Toda mi vida tuve ese problema...

Las intenciones de los padres no son malas, las intenciones de los maestros no son malas. Nunca dudo de sus intenciones... pero dudo de su inteligencia. Dudo de su comprensión de la naturaleza humana, de su crecimiento, de sus posibilidades.

Cuando iba a la universidad, toda mi familia estaba en ebullición. Uno quería que fuera doctor, otro quería que fuera científico, otra más quería que fuera ingeniero. Escuché a todos y dije:

—Nadie quiere que sea yo mismo. ¡Y todos creen que me desean el bien! Ni una sola persona en toda la familia —y en la India la familia es un fenómeno conjunto; en mi familia eran cincuenta, sesenta personas—, ninguno de ustedes ha dicho: "Queremos que seas tú mismo". ¿Por qué quieren imponerme sus ideas? ¿Qué derecho tienen? Si tanto les interesa la medicina,

¡háganse doctores! ¿Pero por qué yo tendría que cumplir sus deseos? Me están convirtiendo en títere, en instrumento. Y le dije que no a toda la familia. Voy a hacer lo que yo quiera hacer. Voy a estudiar filosofía.

Todos se rieron.

—¿Estudiar filosofía? —dijeron—. Entonces seguirás siendo pobre toda tu vida.

—Por lo menos tendré la satisfacción de que fue mi elección —dije—, de que soy independiente en lo que hice, de que nadie me manipuló. Volverme un doctor rico, un científico rico, no dará satisfacción a mi corazón. Siempre recordaré que es el viaje de alguien más, ¡que me obligaron a hacerlo! Ni siquiera su Premio Nobel me dará la satisfacción, la dicha que proviene de la libertad.

Sabía lo que iban a hacer, así que dije:

—Sé qué tienen en mente. Dirán: "Entonces sigue tu camino, pero no te daremos apoyo financiero". Eso está claro. No lo resiento. No sigo sus consejos, así que no tengo derecho a su apoyo financiero. Aunque me lo den, no lo aceptaré.

Durante dos años gané dinero: trabajaba de noche y estudiaba de día. Mi padre estaba muy triste y muy decepcionado. Muchas veces vino a mí y dijo:

—Olvídate de eso. Estás destruyendo tu salud; no tienes tiempo para descansar, no tienes una vida disciplinada.

Al final vino a mí y lloró y dijo:

—Si no aceptas mi dinero cada mes, me voy a sentar aquí, ayunaré y no me voy a mover.

—Eso tiene sentido —contesté—. Por fin aceptaste y respetaste mis deseos. Estos dos años no fueron en vano.

Fue problemático, no fue cómodo: correr veinticuatro horas al día... y sólo de vez en cuando, cuando podía darme un tiempo, dormir, comer.

—Lo sentimos —dijo—. No pensamos que irías tan lejos.

—Recuérdenlo —contesté—. Cuando hago algo, lo hago hasta el final.

Cuando regresé de la universidad, todos excepto mi padre preguntaron:

—¿Y ahora qué vas a hacer?

—No se preocupen —dije—. Ya me nombraron profesor de filosofía en una universidad.

Como durante seis años demostré mi amor por la filosofía, mi visión de la filosofía, mi ingenio al indagar sus complejidades, todos los profesores de mi universidad y el vicecanciller querían, inmediatamente después de aprobar mi maestría, que me volviera profesor universitario.

—No importa —dije—... Si quieres hacer algo a fondo, puedes convertir desiertos en oasis. Puedes convertir la vida de un mendigo en la de un emperador. Toda la cuestión es que en tu interior no debería haber complejo de inferioridad. Y ustedes no han logrado crear eso en mí.

Nunca he demostrado ser superior a nadie. Nunca he sido dominante. Pero comencé a hablar muy pronto en mi vida, cuando estaba en el bachillerato, y el director se sorprendió. No podía creer que un estudiante pudiera hablar así.

Luego no dejé de hablar durante toda mi carrera universitaria. Había ganado tantos trofeos, copas, competencias interuniversitarias por toda la India, que mi madre comenzó a preguntar:

—¿Dónde vamos a guardar todas estas cosas que no dejas de traer?

Pero nunca aprendí a hablar en una escuela, ni aprendí oratoria. Nunca he leído un solo libro sobre cómo hablar, porque sólo quiero ser yo mismo. ¿Por qué habría de leer el libro de alguien más? Puedo hablar a mi manera.

¿Y cuál es el problema? Todo el mundo habla, y todos lo hacen de manera hermosa. Pero algo pasa; si te suben al podio ante un micrófono, algo extraño sucede. Se te olvida cómo hablar, lo que llevas haciendo desde la infancia. Al pararte ante una audiencia de miles de personas, miles de ojos sobre ti, te da miedo no poder desempeñarte a la altura de sus expectativas. En algún lugar tu complejo de inferioridad te da problemas. De lo contrario, da lo mismo que estés hablando con una persona o con un millón.

Si estás limpio por dentro, sin heridas de inferioridad, ¿entonces a quién le importa lo que esperen de ti? Nunca has cumplido las expectativas de nadie. Tan sólo has vivido tu vida según tu propia visión, intuición, inteligencia. Y así debería de ser. Un ser humano sano no tendrá complejo de inferioridad.

Y la otra parte de la historia es que si no tienes complejo de inferioridad, nunca tratarás de ser superior. No hay necesidad de ser superior a nadie, de dominar a nadie, de tener la ventaja sobre nadie, de controlar a nadie: nunca te convertirás en político.

Sólo la gente que básicamente está sufriendo de complejo de inferioridad se siente atraída por la política. La misma atracción a la política garantiza que ése es su problema. Cualquiera que se sienta atraído por la política debería recibir tratamiento psicológico inmediato. Todos los políticos están enfermos, sin excepción. Si no estuvieran enfermos, no estarían en la política.

Una persona que no tiene deseo de tener poder sobre los demás, de demostrar algo —¡porque no hay necesidad!— está viva, respira, hace lo suyo; eso es prueba suficiente. Es su firma. Sin duda es su firma, no la de nadie más.

Y recuerda, si hasta tu huella digital es única en el mundo, ¿qué hay de tu ser? Si la naturaleza no crea dos pulgares iguales... ¡Cuánto cuidado! Ni siquiera por error hay dos pulgares con las mismas líneas... ¡y hay cinco mil millones de personas en la Tierra!

El ser es tan importante que es irremplazable.

Sólo eres tú mismo.

¡Haz algo que provenga de ti, no para afirmarte, sino para expresarte! Canta tu canto, danza tu danza, regocíjate en ser lo que la naturaleza ha elegido que seas.

Si podemos destruir el complejo de inferioridad... es muy simple: los maestros y los padres sólo tienen que estar conscientes de no imponerles nada a los niños indefensos. Y en tan sólo dos décadas la nueva generación estará libre de complejo de inferioridad. Y con él se irá toda la política, todos los presidentes y primeros ministros. ¡Y su partida será un gran alivio!

La gente expresará su creatividad. Habrá músicos, danzantes, pintores, carpinteros. Habrá todo tipo de creatividad en todo el mundo. Pero nadie estará compitiendo con nadie más: solamente va a estar haciendo su mejor esfuerzo. Es su dicha. La dicha no es competir, la dicha no es llegar primero: la dicha es hacer las cosas. La dicha no está fuera del acto, es intrínseca a él.

Ésa es mi imagen del hombre nuevo. Trabaja, pero su trabajo es su vida, su misma alma. Lo que sea que haga, no importa.

Me recuerda a Abraham Lincoln. Cuando se volvió presidente de Estados Unidos, su padre era zapatero. Y, naturalmente, la gente egoísta se sintió muy ofendida de que el hijo de un zapatero se volviera presidente. Eran aristócratas, súper ricos, que se creían por nacimiento con el derecho de estar en el puesto más alto. ¿El hijo de un zapatero?

El primer día, al entrar Abraham Lincoln a dar su discurso inaugural, un hombre se paró en el centro. Era un aristócrata muy rico.

—Sr. Lincoln —dijo—, no debería olvidar que su padre solía fabricar zapatos para mi familia.

Y todo el Senado rio; creyeron que habían dejado en ridículo a Abraham Lincoln. Pero él —ese tipo de persona— estaba hecho de un temple totalmente distinto. Lincoln miró al hombre y dijo:

—Señor, sé que mi padre solía fabricar zapatos en su casa para su familia, y habrá muchos otros aquí... porque la manera en la que hacía zapatos, nadie más la tiene. Era un creador. Sus zapatos no eran sólo zapatos, les vaciaba su alma entera. Quiero preguntarle: ¿tiene alguna queja? Porque yo también sé hacer zapatos; si tiene alguna queja, puedo hacerle otro par. Pero sé que nadie se ha quejado nunca de los zapatos de mi padre. Era un genio, un gran creador, ¡y yo estoy orgulloso de él!

Todo el Senado quedó estupefacto. No podían comprender el tipo de hombre que era Abraham Lincoln. Había convertido la hechura de zapatos en arte, en creación. Y estaba orgulloso porque su padre hacía el trabajo tan bien que no había oído una sola queja. Y aunque fuera presidente de Estados Unidos, estaba dispuesto a hacer otro par si había alguna queja.

El hombre se veía ridículo.

—¡Hable! —insistió Lincoln—. ¿Por qué se ha quedado mudo? Quería hacerme quedar en ridículo y ahora mire a su alrededor: se ha puesto en ridículo usted mismo.

No importa lo que hagas. Lo que importa es cómo lo hagas: por voluntad propia, con tu propia visión, con tu propio amor. Entonces todo lo que toques se convertirá en oro.

¿Podrías por favor decir algo de la relación entre espontaneidad y trabajar en uno mismo? ¿No deberíamos estar amando lo más posible? Si hay ciertas cosas que hacer o formas de ser que aumenten nuestra capacidad de dicha, ¿no deberíamos hacerlas? ¿No deberíamos dejar ir nuestro ego? Muchos hombres buenos han escrito que el amor puede empezar como un impulso de la voluntad, y tratar de ser espontáneo parece ser una contradicción. ¿Podrías comentar eso?

Uno tiene que trabajar en uno mismo, pero sólo de manera negativa. Uno no puede trabajarse de manera positiva, porque no es cuestión de crear algo, sino de descubrir algo que ya está ahí.

Cuando pintas, es un acto positivo —estás creando el cuadro—, pero al cavar un pozo, es un acto negativo. El agua ya está ahí, sólo tienes que retirar unas cuantas capas de tierra, piedras, rocas. En cuanto las retires, el agua estará disponible. El agua está ahí, tú estás ahí, y entre los dos hay una barrera: hay que retirar la barrera. A eso me refiero con trabajo negativo.

El hombre ya tiene lo que está buscando. La verdad está ahí, la dicha está ahí, el amor está ahí; en resumen, Dios está ahí. Dios no es una persona, Dios es tan sólo la totalidad de los valores que están más allá de la mente. Pero la mente es la barrera, y tienes que cavar un pozo. Tienes que retirar algunas capas de pensamientos, recuerdos, deseos, fantasías, sueños. En cuanto abras una puerta en la mente hacia lo que está más allá, todo lo que siempre has querido estará disponible.

En el momento en que Gautama Buda se iluminó, rio, y no le dijo a nadie en particular —se lo dijo a sí mismo—:

—¡Esto es ridículo! ¡Lo he estado buscando durante miles de vidas y estaba en lo profundo de mi interior!

Lo buscado es el que busca. Por eso los *Upanishads* dicen que el método para encontrar es *neti neti*. *Neti neti* significa "ni esto ni aquello"; es un proceso de eliminación. Sigues negando, eliminando. Al final, cuando no quede nada que eliminar, nada que negar, cuando te hayas vaciado por completo, lo encontrarás.

Así que lo primero que tienes que entender es: trabajar en ti mismo te da la sensación de trabajo positivo, y eso está mal. Trabajar en uno mismo sencillamente significa un proceso negativo: es vaciarse. Y en cuanto estés vacío de la mente y todos sus procesos, la espontaneidad explotará. Una vez que entiendas que el proceso es negativo, entonces no habrá contradicción entre el proceso y la espontaneidad.

La espontaneidad sencillamente significa que ahora no hay nada que impida que tu naturaleza se exprese. Has retirado todas las rocas, has abierto todas las puertas. Ahora tu naturaleza puede cantar su canto, danzar su danza.

Yo uso ambos términos. A veces digo "trabaja en ti" y a veces digo "sé espontáneo". Y la mente lógica encuentra por fuerza una contradicción, pero no hay contradicción en absoluto, porque trabajar en uno mismo significa *neti neti*, ni esto ni aquello.

La espontaneidad no debe ser creada; si se la crea, no es espontaneidad. De ser así, entonces sí hay una contradicción: si fue cultivada, no es espontánea, obviamente. Una espontaneidad cultivada no puede ser verdadera: será falsa, impostora, pseudo, sólo será una máscara. Puede que sólo estés actuando, no serás realmente espontáneo. Esa espontaneidad no puede estar muy en lo profundo; seguirá siendo algo que sólo está pintado por fuera. Tan sólo rasca un poco la superficie de esa persona supuestamente cultivada y espontánea y toda su espontaneidad desaparecerá. Sólo estaba actuando, no era realmente espontánea.

La espontaneidad real viene del centro; no se cultiva, por eso la llamamos espontaneidad. No hay manera de cultivarla, ni de crearla; tampoco hay necesidad. Si quieres volverte actor, si quieres actuar, entonces es una cuestión totalmente diferente, pero recuerda: cualquier situación real reactivará de inmediato tu mente. Saldrá rugiendo hacia la superficie; toda la espontaneidad desaparecerá.

Era tiempo de carnaval, y el homosexual se disfrazó de leona. Un cazador con un rifle se le acercó.

—¡Pum! ¡Pum! —fingió dispararle.

La leona cayó muerta. La multitud estaba entretenida.

Cuando el cazador estaba a punto de irse, el homosexual se quitó la cabeza de leona y dijo suavemente:

—Es la ley de la selva, cariño: ¡si matas, comes!

Cualquier cosa cultivada sólo estará en la superficie, sólo será teatro; no será tu autenticidad.

Por ello diré que lo primero que debes recordar es que la espontaneidad tiene que ser descubierta, o quizá sea mejor decir redescubierta, porque cuando eras niño sí eras espontáneo. La perdiste porque has cultivado mucho: muchas disciplinas, muchas morales, virtudes, caracteres. Has aprendido a desempeñar tantos papeles que se te olvidó el lenguaje de tan sólo ser tú mismo.

Lo segundo que preguntas: "¿No deberíamos estar amando lo más posible?".

El amor nunca es un "deber"; no se puede ordenar. No puedes forzarte a amar lo más posible. Eso es lo que la gente está haciendo y por eso hace falta amor en el mundo. Desde el principio comenzamos a hacer falso al niño, y toda falsedad crea esquizofrenia, crea una doble personalidad, crea un quiebre. Todos los niños nacen enteros, pero los dividimos en dos. Les decimos qué reprimir y qué expresar. Les decimos qué no deben hacer y qué sí; si realmente lo sienten o no, es irrelevante. Y los niños son tan indefensos, tan dependientes, que tienen que seguir nuestras órdenes.

Aún no hemos logrado ser democráticos con los niños: somos dictatoriales. Hablamos de democracia, pero todo nuestro estilo, todo nuestro patrón de vida es dictatorial, es antidemocrático. Es realmente antidemocrático. Al niño no se le permite ser él mismo; comenzamos a forzarlo a ser alguien más. Y tiene que obedecernos porque es cuestión de supervivencia. Si no nos obedece, estará en peligro: no puede vivir solo, tiene que ceder, y cada concesión es una falsificación.

Le decimos al niño: "¡Soy tu padre, ámame!", como si sólo por ser sus padres fuera inevitable que el amor fluyera hacia nosotros. Si es inevitable, ¿por qué decirlo? La petición misma demuestra que no es inevitable. Puede que el niño ame o puede que no; dependerá de ti, de si eres digno de amor o no. Ser padre no significa nada.

Y la institución de la paternidad fue inventada por el hombre; no es natural en absoluto, es institucional. Algún día desaparecerá, porque hubo un tiempo en el que no existía. Durante miles de años, la humanidad vivió sin la institución de la paternidad. Puede que te sorprenda que la palabra *tío* sea más antigua que *padre*, porque el matriarcado precedió al patriarcado. La madre estaba ahí y el padre era desconocido, porque la madre conocía, se mezclaba, se fusionaba con mucha gente. Alguien tenía que ser el padre, pero no había manera de averiguar quién. Así que todos eran tíos: todos los padres posibles eran tíos. La palabra tío es más antigua que padre en todas las lenguas.

¡Y sería mejor llamar a Dios el Tío, en vez del Padre, es más dulce! Pero el Talmud, las escrituras judías, dice: "Dios no es tu tío, no es amable. Si no lo escuchas, si no lo sigues, te lanzará al infierno". Las palabras exactas son éstas: Dios no es amable, Dios no es tu tío.

Yo te digo que Dios no es tu padre y que sí es amable, y es mejor llamarlo Tío.

La institución de la paternidad surgió con la invención de la propiedad privada; están unidas. El padre representa la propiedad privada, porque cuando surgió la propiedad privada todos querían que sus hijos la heredaran. "Yo ya no voy a estar aquí, pero una parte de mí debería heredar mi propiedad". La propiedad privada surgió primero; luego, el padre. Y para estar completamente seguro de que "Este niño es mío", prevaleció la idea en casi todas las sociedades del mundo que la mujer debe ser completamente virgen antes del matrimonio; de lo contrario, es difícil saber. Puede que cuando se case ya esté encinta, y entonces el hijo será de alguien más y heredará tu propiedad. Para asegurarse de que "Éste es mi hijo y heredará mi propiedad" se impuso la virginidad a las mujeres.

Y puedes ver la diferencia: nunca se espera que el hombre sea virgen. Dicen: "Los chicos son chicos" —está permitido—, pero la chica deberá ser completamente virgen. Han sucedido todo tipo de estupideces en el pasado porque antes de casarse la mujer tenía que presentar pruebas de que realmente era virgen.

A veces, por accidente, puede suceder que la delgada membrana que demuestra la virginidad de una mujer se rompa. Tal vez se haya caído, o tal vez sucediera montando a caballo, o algo así, o en bicicleta... ¡son cosas peligrosas, evítalas! ¡Están en contra de la virginidad! La delgada membrana que demuestra que la mujer no ha sido penetrada sexualmente... En Occidente, en particular en la Edad Media, si había sucedido un accidente, entonces la chica tenía que ir al doctor a que le pusieran una membrana falsa para demostrar que era virgen; de lo contrario, no conseguiría un buen esposo.

Fue la idea de la propiedad privada la que creó al padre, la que creó a la familia, la que creó la propiedad de la mujer por el hombre. Si hubo una época sin padre, sin propiedad privada, deberá llegar un día en el que de nuevo no haya propiedad privada: el padre desaparecerá.

Pero el padre insiste: "¡Ámame, soy tu padre!", y el niño tiene que fingir que ama. Ni siquiera hay necesidad de que el niño ame a la madre. Es una de las leyes de la naturaleza que la madre tenga un instinto natural de amor por el hijo, pero no viceversa: el hijo no tiene instinto natural de amor por la madre. Necesita a la madre, eso es una cosa. Usa a la madre, eso es una cosa, pero no hay ley de la naturaleza que diga que deba amar a la madre.

Le cae bien porque es tan provechosa, tan útil; sin ella no puede existir. Así que es agradecido, respetuoso —todo eso está bien—, pero el amor es un fenómeno totalmente diferente.

El amor fluye de la madre hacia el hijo, no al revés. Y es muy sencillo, porque el amor del hijo fluirá hacia su propio hijo, no puede ir en sentido contrario; al igual que el Ganges sigue fluyendo hacia el océano, no hacia la fuente. La madre es la fuente, y el amor fluye hacia la siguiente generación. Virarlo en sentido contrario es un acto forzado, antinatural, antibiológico. Pero el niño tiene que fingir, porque su madre dice: "Soy tu madre, ¡tienes que amarme!" ¿Y qué puede hacer el niño? Sólo puede fingir, así que se convierte en político. Todos los niños se vuelven políticos desde la cuna. Comienzan a sonreír cuando la madre entra al cuarto; ¡una sonrisa de Jimmy Carter! No siente alegría, pero tiene que sonreír. Tiene que abrir la boca y hacer ejercicio de labios; eso le ayuda, es una medida de supervivencia. Pero el amor se está volviendo falso.

Y en cuanto conoces la forma barata de amor, la plástica, entonces es muy difícil descubrir la original, la real, la auténtica. Entonces el niño tiene que amar a sus hermanas y hermanos, y no hay razón en realidad. De hecho, ¿quién ama a su propia hermana, y para qué? Todas esas ideas están implantadas para mantener unida a la familia. Pero todo ese proceso de falsificación te lleva a un punto en el que cuando te enamoras, ese amor también es falso.

Ya olvidaste el amor verdadero. Te enamoras del color de cabello; ¿qué tiene que ver eso con el amor? Después de dos días no te fijarás en absoluto en su color de cabello. O te enamoras de cierta forma de nariz o de cierto tipo de ojos, ¡pero después de la luna de miel esas cosas aburren! Y luego tienes que seguírtelas arreglando, fingiendo, engañando.

Tu espontaneidad está corrupta y envenenada; de lo contrario, no te enamorarías por partes. Pero sólo te enamoras por partes.

Si alguien te pregunta: "¿Por qué amas a esta mujer o a este hombre?", tu respuesta será: "Porque se ve hermosa" o "Por su nariz, por sus ojos, por la proporción de su cuerpo", esto y lo otro, ¡y son puras tonterías! Entonces ese amor no puede ser muy profundo, ni tener ningún valor. No puede volverse intimidad. No puede tener un flujo de por vida; se secará pronto, es muy superficial. No surgió del corazón, es un fenómeno mental. Tal vez parezca actriz y por eso te gusta, pero gustar no es amar.

El amor es un fenómeno totalmente distinto, indefinible, misterioso, tan misterioso que Jesús dijo: "Dios es amor". Hace a Dios y al amor sinónimos, indefinibles. Pero el amor natural se pierde.

Y tú dices: "¿No deberíamos estar amando lo más posible?". ¿Crees que sea cuestión de hacer algo lo más posible? No es cuestión de hacer. Es un fenómeno del corazón. Es un tipo de trascendencia de mente y cuerpo. No es prosa, es poesía. No son matemáticas, es música. No puedes hacerlo, sólo puedes serlo. El amor no es algo que hagas, es algo que eres. Pero esos "deberíamos" le pesan a tu espontaneidad.

Y dices: "Si hay ciertas cosas que hacer o formas de ser que aumenten nuestra capacidad de dicha, ¿no deberíamos hacerlas?".

Toda la noción es hacer algo, y la realidad se descubre siendo, no haciendo. La cuestión no es hacer nada, sino quedar en silencio y descubrir tu ser. Hacer siempre es extrovertido. Por supuesto, si quieres más dinero, tienes que hacer algo. Si tan sólo te quedas en silencio sin hacer nada, la primavera llega... ¡y el dinero no crece solo! El pasto crece solo, pero el dinero no. Tendrás que hacer mucho: tendrás que correr tras él, luchar por él, ser agresivo, ambicioso, violento; es un mundo muy competitivo en lo que concierne al dinero. Pero tu ser no está afuera de ti.

Si quieres ser el presidente o el primer ministro de un país, tienes que hacer muchas cosas. Tienes que estar haciendo constantemente; no hay descanso, no hay paz. Y tienes que estar casi loco, porque la lucha será difícil. A menos de que estés loco por el poder, es imposible que lo alcances.

Pero tu ser no está afuera, allá, y no hay nadie compitiendo por tu ser. Y nadie puede entrar en tu ser; estás solo ahí dentro. Ya está sucediendo; sólo tienes que girar hacia adentro, sólo tienes que mirar hacia adentro. Así que todo lo que se requiere es sentarse en silencio, sin hacer nada... Cuando no estás haciendo nada —física y mentalmente—, cuando estás en un intervalo profundo, en pausa, toda la actividad ha cesado, entonces se descubre el ser. La actividad levanta polvo.

Cuando Winston Churchill había envejecido mucho, su médico llegó y le preguntó:

—¿Cómo se siente?

Estaba enfermo.

—Estoy coleando, pero no estoy levantando tanto polvo como antes.

En el mundo, si quieres dinero, poder, prestigio, tienes que colear y levantar todo el polvo posible. Entre más colees, entre más polvo levantes, mejor. Pero para el mundo interior, tienes que dejar de colear y levantar polvo, para que todo el polvo se asiente y puedas ver con claridad quién eres.

Así que no es cuestión de hacer nada. La dicha es tu naturaleza: sólo descubre tu ser y la hallarás en consecuencia. Jesús dijo: "Busca primero el reino de Dios, y por añadidura lo demás se te dará", y tiene razón. "Busca primero el reino de Dios", y eso está en tu interior, porque él repite una y otra vez: "El reino de Dios está en tu interior".

Así que sólo ve hacia adentro y encuentra tu naturaleza, y al encontrarla, lo encontrarás todo. Encontrarás la dicha, la verdad, el amor, la libertad, la eternidad, a Dios.

Y preguntas: "¿No deberíamos deshacernos de nuestro ego?". Estás pensando como si el ego fuera algo que traes cargando y pudieras deshacerte de él. El ego es sólo una ilusión, es sólo una idea. No tienes que deshacerte de él, no puedes deshacerte de él. ¿Cómo puedes deshacerte de una idea?

Por ejemplo, se está poniendo oscuro y en el camino ves una cuerda, pero crees que es una víbora. ¿Puedes matar a la serpiente? ¡Ni siquiera existe! ¿Puedes evitarla? Ni siquiera existe. ¿Puedes perderle el miedo? Ni siquiera existe, así que todo eso es irrelevante. Todo lo que se necesita es un poco de luz —tan sólo una vela bastará— y verás que la víbora nunca existió. Sólo era una idea, una ilusión, una proyección.

En cuanto encuentres la cuerda, no te preguntarás: "¿Ahora qué hago con la serpiente? ¿Debería deshacerme de ella? ¿Debería olvidarme de ella?". En cuanto descubras tu ser, no encontrarás el ego. El ego sólo es una proyección: al igual que la víbora está proyectada en la cuerda, el ego está proyectado en el ser. No conoces la cuerda, de ahí la serpiente; no conoces tu ser, de ahí el ego. El ego es no conocer tu ser; no ser consciente de tu ser es en lo que consiste el ego. Así que no se trata de deshacerse de él.

Pero mucha gente trata de hacerlo, ¡y el milagro es que incluso lo logran! Se vuelven humildes. Pero la humildad es otro truco del ego, un truco muy sutil —el ego volvió a entrar por la puerta trasera—, porque deshacerte de él sólo significa que no lo comprendiste en absoluto, así que tendrá que regresar.

Yo solía vivir en un pueblo en el que un hombre era muy reconocido, casi como santo, y mucha gente me había dicho: "¡Es muy humilde!" Por fin el hombre vino a verme; tocó mis pies y dijo:

—¡Sólo soy polvo bajo sus pies!

Lo miré —sus ojos decían otra cosa, su nariz decía otra cosa—, así que dije:

—Puedo ver que tienes toda la razón: ¡sólo eres polvo bajo mis pies!

—¡¿Qué?! —dijo.

Se enojó mucho.

—¡Pero si sólo te di la razón! —dije—. ¡No dije nada que no hubieras dicho! Tú empezaste y yo sólo te di la razón, ¿por qué te irritas? ¡Ahora cierra los ojos y siéntate en silencio y escucha lo que digo! Ésta es sólo otra manera de alimentar tu ego. El ego está ahí; ahora está de cabeza, haciendo *sirshasana*, parado de cabeza. Pero es el mismo ego; ahora finge ser humilde.

Tres monjes cristianos se encontraron en un camino.

—En lo que se refiere a los estudios —dijo uno—, nuestra secta es la más estudiosa, la más filosófica. Nadie puede competir con nosotros en asuntos teológicos.

—Tienes razón —dijo el segundo—, pero en cuanto a prácticas ascéticas, ¡ni se acercan a nosotros!

El tercero se rio y dijo:

—Los dos tienen razón, pero en cuanto a humildad, ¡nosotros somos los mejores!

La humildad... "¡Somos los mejores!" Incluso la humildad jugará el mismo juego.

¡Por favor, no te deshagas de tu ego! Entiéndelo, sé consciente de él, trae la luz de la conciencia y ve... y no lo encontrarás. No lo encontrarás, así que no podrás deshacerte de él. ¡No te deshagas de él! Si te deshaces de él, regresará bajo otra forma. No puede dejarte: es un viejo hábito de una mente inconsciente.

La situación política en un país sudamericano era muy inestable. El ejército estaba preocupado. Lograron aprehender al mayor chismoso del país y lo condenaron a muerte.

Lo pararon frente a un muro para ejecutarlo. Cuando gritaron: "¡Fuego!", el hombre cayó. Después de unos minutos, se percató de que no estaba muerto.

El general se le acercó y le dijo muy serio:

—Eres tan pinche chismoso que hice esto sólo para asustarte. ¡Son balas de salva! Ahora espero que hayas aprendido la lección... eres libre.

El chismoso corrió a la calle, donde de inmediato se le acercó un amigo.

—Oye, Pablo —le preguntó su amigo—, ¿tienes noticias?

—Bueno —dijo el chismoso en un susurro—, no le digas a nadie, ¡pero nuestro cuartel general no tiene municiones!

¡Los viejos hábitos son difíciles de dejar!

El ego es sólo un hábito, un hábito de la ignorancia, de la inconsciencia... volverá. Por favor, no te deshagas de él. No lo alimentes, no te deshagas de él, porque de ambas formas lo salvarás. Sólo obsérvalo y no lo encontrarás.

El obispo recibió muchas quejas de los amargos ataques que el padre O'Really lanzaba contra los británicos desde su púlpito londinense.

—No puede seguir dirigiéndose a su congregación de esa manera —le dijo monseñor al sacerdote—. Recuerde la ley de caridad y el hecho de que usted vive en el país del que habla con palabras tan duras. Le pido que la próxima semana dé un sermón sobre la Última Cena. Con ese tema no podrá caer en su sesgo.

El padre O'Really aceptó el regaño con amabilidad, pero el obispo asistió discretamente a la misa del domingo siguiente para revisar que todo saliera bien. No tuvo razón para quejarse, y durante todo su sermón, el sacerdote no se refirió ni una sola vez al Bajo, Brutal y Sangriento Sajón. El obispo se percató satisfecho de que estaba llegando al final de lo que había sido una muestra de instrucción religiosa muy buena e inofensiva:

—... y después de preguntarles a todos los discípulos, fue momento de dirigirse a Judas —dijo el padre O'Really—. "¿Judas", llegó la pregunta, "me traicionarías?".

El sacerdote hizo una pausa y miró a su alrededor.

—Judas lo miró sin parpadear y luego, con la perfidia de su raza, contestó: "¡Ni de broma, hermano!"

Todo el sermón iba bien, pero el sesgo entró por la puerta trasera: "¡Ni de broma, hermano!". Lo dijo, puede que ni siquiera él fuera consciente.

Lo único que hay que recordar es observar dónde está el ego y no lo encontrarás: nadie lo ha encontrado nunca. Quien lo ha buscado no lo ha encontrado y quienes han tratado de deshacerse de él nunca lo han logrado.

Entonces dices: "Muchos hombres buenos han escrito que el amor puede empezar como un impulso de la voluntad".

¡Es un sinsentido! El amor nunca puede empezar como impulso de la voluntad. Voluntad significa esfuerzo, voluntad significa imposición, voluntad significa obligación, voluntad significa disciplina. Voluntad significa forzarte a hacer algo contra ti mismo.

El amor no puede empezar así, y si empieza así, no será amor, sino algo más. Y si el comienzo está mal, si el primer paso es falso, el último no puede ser correcto.

Sé que muchos hombres buenos han escrito, pero esos hombres buenos son falsos. No son budas, no son iluminados. Están tan ciegos como todos los demás, tan ciegos como la humanidad entera.

Son buenos —han intentado ser buenos, han logrado ser buenos—, pero están hirviendo por dentro. Están reprimidos, eso es todo, y lograron reprimirse. Lograron crear una fachada hermosa, y están escondidos detrás de ella. Puede que usen lentes, pero están ciegos.

Pero es muy difícil saber muy bien que estás ciego. Puedes ser bueno, puedes ser muy disciplinado, puedes tener carácter moral, puedes tener conciencia... pero a menos de que tengas conciencia, no tendrás ojos. Esa gente buena era buena porque seguía las reglas de la multitud. Y por eso una persona puede ser considerada buena en una sociedad y no ser considerada buena en otra. Los hindúes creen que Ramakrishna era un iluminado. Pregúntales a los jainistas y no estarán de acuerdo, porque no dejó de comer pescado, pues según la moral jainista comer pescado y alcanzar la iluminación es imposible. Uno tiene que ser vegetariano total.

¿Crees que Jesucristo es bueno? Pregúntales a los hindúes, a los budistas, a los jainistas y te dirán: "¡No, en absoluto!", porque según su moral, según su filosofía uno sólo sufre a causa de sus pecados en vidas pasadas, y la crucifixión es un gran sufrimiento. Eso demuestra que Jesucristo debió haber cometido grandes pecados, quizá haya asesinado a alguien, violado a alguien, hecho algo realmente malo; de lo contrario, ¿por qué lo habrían crucificado?

Los jainistas dicen que cuando Mahavira —su *tirthankara*, su Cristo— camina por un sendero, si hay una espina en el sendero de inmediato se pone de cabeza al ver que él viene, porque ni siquiera una espina puede provocarle dolor a Mahavira. Terminó con todo el mal karma, el dolor es imposible... ¿así que qué pasa con la crucifixión? Jesús debió haber sido un criminal en sus vidas pasadas, tal vez un Genghis Khan, un Tamerlán, un Nader Shah, un Hitler, ¡algo así!

Pregúntales a los cristianos qué opinan de Mahavira o de Buda o de Shankaracharya y te dirán que eran gente muy egoísta: sólo meditaban, no servían a los pobres. Jesús ayudó a los ciegos, les dio ojos, convirtió piedras en pan para servir a los pobres, incluso trajo a los muertos de vuelta a la vida. Toda su vida fue de servicio a la humanidad. ¿Qué servicio a la humanidad hay en la vida de Mahavira? Pararse desnudo... ¿es eso un servicio a la humanidad? Meditar con los ojos cerrados y disfrutar tu ser interior, ser dichoso y ya, ¿es eso un servicio a la humanidad? Cuando toda la humanidad está sufriendo y tú te la estás pasando bien, ¿es eso humano? ¡Es inhumano! Buda, Mahavira, Krishna, esas personas no pueden considerarse buenas según los cristianos. ¿Qué hace el tal Krishna? Toca la flauta y las muchachas danzan a su alrededor, ¡y toda la humanidad está sufriendo! Hay gente pobre y gente ciega, y se necesitan hospitales y escuelas.

¿Crees que si Krishna estuviera vivo le darían el Premio Nobel? A la madre Teresa de Calcuta se lo dieron porque administraba orfanatos, servía a los pobres, alimentaba a los pobres. Y ese tal Krishna, en vez de servir a los pobres, les aventaba piedras a las pobres niñas que cargaban sus vasijas de leche para que se les rompieran y se les derramara la leche... ¡y llaman a ese hombre Dios! En vez de ayudar a los pobres, tomaba la ropa de las pobres mujeres cuando se bañaban en el río y se sentaba en un árbol con ella. ¿Qué clase de religiosidad es ésa? ¡Ese hombre debe ser entregado a la policía!

Si miras a tu alrededor, ¿quién es bueno? ¿Mahoma es bueno? ¿Él, que portó una espada toda su vida y mató a mucha gente y libró muchas guerras? Según Buda no es bueno, según Mahavira no es bueno: es violento. Desposó a nueve mujeres. ¿Es ése un signo de un hombre de carácter? ¡Un hombre de carácter permanece célibe! Shankaracharya es un hombre de carácter, él permaneció célibe.

Jesús bebe vino. Mahoma no puede estar de acuerdo con eso: está en contra del vino. Y el tal Krishna tocando la flauta... Mahoma no puede decir que sea un buen hombre. ¡Es tan alérgico a la música como yo al perfume! Es muy antimúsica.

Así que, ¿quién es bueno? Todas nuestras ideas del bien son inventadas.

Sólo el iluminado es bueno. Así que, según yo, el iluminado es bueno. Los actos no cuentan en absoluto, sólo la conciencia cuenta. Según yo, Mahavira es bueno, Krishna es bueno, Mahoma es bueno, Buda es bueno, Ramakrishna es bueno, Cristo es bueno, por la sencilla razón de que todos son iluminados.

Jesús está tan iluminado que puede beber vino sin emborracharse. ¿Qué hay de malo en ello? No hay nada malo con eso. Tiene que decidir por sí mismo; nadie más puede decidir por él. Mahavira está tan iluminado que quiere estar tan desnudo como un niño; no hay necesidad de esconder nada, así que se deshace de su ropa. Nadie más puede ser tan decidido. Cuando tienes tu propia conciencia, tus actos nacen de ella. Según yo, la única definición posible del bien es la acción que proviene de un ser consciente, sin importar la acción. Pero normalmente creemos que las acciones son buenas o malas.

Las acciones no son buenas ni malas. La misma acción de beber vino es buena porque Jesús la está haciendo, y es mala si alguien que no esté iluminado la hace. ¡Los dos están haciendo lo mismo! Mahavira desnudo es bueno y una bailarina exótica desnudándose no es buena. La conciencia es el único factor decisivo.

Dices: "Muchos hombres buenos han escrito que el amor puede empezar como un impulso de la voluntad...".

Esos hombres buenos no son buenos en realidad: sólo son tradicionales, ortodoxos. Siguieron las escrituras, y cuando eres inconsciente, lo que quiera que interpretes será sólo tu interpretación.

Un pueblerino palurdo fue elegido Juez de Paz en un pueblo remoto. Aunque podía contar dinero, nunca había aprendido a leer y escribir más allá de firmar su nombre. Al no poder leer la ley y no querer que la gente supiera lo ignorante que era, desarrolló un sistema de multas a partir de un catálogo de Sears.

Un día, un forastero que estaba visitando a un primo fue detenido por exceso de velocidad. Cuando lo declararon culpable, el juez solemnemente recorrió su catálogo con el índice y le dio una multa de nueve dólares. El hombre se enojó por la manera en la que lo habían tratado y se quejó con su primo.

—Tuviste suerte —dijo el primo—. Te multó por el precio de una sombrilla de nueve dólares. ¡Si hubiera cambiado de página, te habría multado por un piano de 385 dólares!

La gente pasa las páginas de sus escrituras sin saber de sí misma. ¿Qué pueden entender? ¡Son puros catálogos! Puede que sea la Gita o la Biblia o el Corán, no importa. Lo que estás encontrando ahí es tu propia mente, es tu propio reflejo; no puede ser de otra manera. Eres inconsciente, no puedes ser bueno.

A las tres de la mañana, una voz femenina le rogó por teléfono a la policía que fueran lo más rápido posible. Dijo que su esposo se había despertado por un ruido en el patio trasero y cuando había salido a investigar, un atacante invisible lo había asediado y derribado.

Desplegaron a un patrullero de inmediato y en cuestión de minutos estaba en la escena del crimen. Media hora después, regresó al cuartel general con mala cara y un enorme chichón en la frente.

—¿De vuelta tan pronto? —preguntó el sargento de la recepción—. ¿Encontraste al atacante?

—Sí —dijo el patrullero—. ¡Y también pisé el rastrillo!

¿Qué bien puede salir de ti en tu inconsciencia? Dices: "Muchos hombres buenos han escrito que el amor puede empezar como un impulso de la voluntad...".

No saben nada del amor ni de la voluntad. La voluntad es otro nombre del ego, y el amor es ausencia de ego. ¿Cómo puede iniciar la ausencia del ego con ego?

Una persona realmente religiosa no es voluntariosa. Una persona realmente religiosa se ha deshecho de su voluntad; permite que la voluntad de Dios fluya a través de ella. Eso es lo que Jesús dice en el último instante en la cruz: "Hágase tu voluntad, venga a nosotros tu reino".

Hay cientos de libros escritos en todo el mundo sobre la fuerza de la voluntad: no es más que fuerza del ego. La persona realmente religiosa es totalmente carente de ego, carente de voluntad; tan sólo es un bambú hueco, una flauta. Lo que la existencia quiera cantar, lo canta; si no quiere cantar, la flauta permanece en silencio. La flauta no tiene voluntad propia, porque ya no está separada de la existencia.

La persona religiosa es buena, buena en el sentido de que es una con Dios, una con la existencia. Se disolvió en Dios, olvidó toda separación, logró la unión con Dios.

El amor no puede comenzar con la voluntad, como voluntad, como impulso de la voluntad. Y tú dices: "... pero tratar de ser espontáneo parece ser una contradicción". Claro que si crees que el amor inicia con un impulso de la voluntad, entonces ser o tratar de ser espontáneo será una contradicción. Pero el amor no inicia como impulso de la voluntad, y no hay contradicción. El amor es la espontaneidad misma.

No te estoy diciendo que trates de ser espontáneo. ¿Cómo puedes tratar de ser espontáneo? ¡Sería una contradicción! Te estoy diciendo que entiendas lo que haces, lo que piensas, lo que sientes... que lo observes. Eso es la meditación: observar todos tus actos, físicos, mentales... Cuando puedas observar acciones, pensamientos, sentimientos —esas tres dimensiones deben ser observadas— y tu observación crezca, entrarás a la cuarta dimensión, *turiya*. El *Mandukya Upanishad* habla de la cuarta dimensión. Al observar las tres dimensiones, entrarás en la cuarta; sólo observando; no es cuestión de intentarlo. Intentar implica esfuerzo; observar implica relajación, estar totalmente relajado, sólo ver lo que esté pasando.

Siempre están pasando pensamientos por la pantalla de la mente. Sólo relájate, siéntate en un sillón como si estuvieras viendo televisión. ¡La mente es una televisión interna! Puedes sólo verla, y es muy colorida. Al sólo verla, verás que quien ve no es lo visto, el observador no es lo observado. Ha comenzado a suceder una separación, una desidentificación del complejo cuerpo-mente. Y en esa misma desidentificación comienzas a centrarte, comienzas a enraizarte en tu mero ser. Eso traerá espontaneidad.

No es cuestión de practicarla. Sólo es cuestión de observar todo lo que sucede dentro de ti, a través de ti, para que algún día puedas ver a tu observador, para que algún día puedas ser consciente de tu propia conciencia. Ésa es la máxima cumbre del crecimiento humano; más allá no hay nada. Uno se convierte en buda, y entonces lo que quiera que hagas será bueno. Lo que quiera que hagas será amor, lo que quiera que hagas será servicio, será compasión.

*Al mirar a mi alrededor, a la gente que contestó
tu llamado, mi espíritu vuela de alegría por saber
que ellos, mis hermanas y hermanos, son algunas
de las personas más extraordinarias del planeta.
Verlos con esta conciencia hace que caiga de mi mente
a mi corazón. Porque cuando estoy lidiando
con mis cosas se me olvida verlos como son,
y no como los percibo. Por favor, comenta.*

Una de las cosas básicas del entendimiento humano es que si quieres ver a los demás tal como son, tienes que estar totalmente vacío, sin prejuicios, sin ideas preconcebidas, sin actitud de juicio.

Normalmente, nadie ve a las personas como son. Las ven como pueden. Las ven a través de la gruesa barrera de su propia mente, de su propio condicionamiento. A menos de que seas capaz de vista pura, *filosía* —no tienes nada que proyectar desde tu lado, no tienes ningún color que darle al objeto de tu observación—, sólo entonces podrás ver las cosas, a las personas, como son en sí mismas.

Uno de los grandes filósofos alemanes, Immanuel Kant, incluso se deshizo de la idea de que uno puede ver las cosas como son en sí mismas, porque no tenía manera de conocer meditativamente. Era una gran mente, pero entre mayor la mente, mayor la dificultad de ver con claridad. Tu mente atrapa toda la información que llega a ti, la criba, elige todo lo que se ajuste a tu conocimiento existente y lo permite, y lo que vaya a perturbar tu mente —todo lo nuevo, poco familiar y extraño— lo rechaza.

La ciencia descubrió un dato sorprendente. En el pasado solía pensarse que la mente era un receptor de información del mundo, y nuestros ojos, nuestros oídos, nuestra nariz, todos nuestros sentidos eran puertas desde las cuales la existencia podía entrar en nosotros. Es una comprensión antigua que ha prevalecido durante miles de años. Pero durante los últimos años, la ciencia se ha percatado de una situación completamente distinta. Tus sentidos no son meras ventanas; tu mente sólo permite la entrada de 2% de la información y descarta el 98%. Está todo el tiempo en guardia contra lo que pueda entrar en ti: debe de estar en sintonía con tus conceptos, supersticiones, ideologías. Y si no lo está, entonces no se va a perturbar, no va a entrar en caos al permitir una idea nueva que no encaje contigo. Eso cambia mucho las cosas.

Significa que tu mente no es un vehículo de conocimiento, sino un vehículo de prevención de 98% del conocimiento disponible. Y el 2% que tiene permitida la entrada no vale nada, porque se ajusta a ti; significa que es lo mismo de lo que ya tienes bastante.

Sólo un meditador puede conocer a la gente, conocer las cosas, percibir la belleza tal como es, en sí misma, porque no interfiere, no censura, no está en guardia. No tiene nada que perder. Ya se deshizo de todo lo que podía causarle miedo; está completamente vacío.

De vez en cuando estás vacío. En ese momento puedes ver las cosas con claridad, con transparencia. Pero cuando tu mente se enciende, cubierta por tus pensamientos, esos pensamientos te protegen. Protegen a lo muerto de lo vivo, protegen lo estático de lo dinámico, protegen lo que obtuviste como conocimiento de la experiencia existencial.

Tienes razón al decir: "Al mirar a mi alrededor, a la gente que contestó tu llamado, mi espíritu vuela de alegría por saber que ellos, mis hermanas y hermanos, son algunas de las personas más extraordinarias del planeta". Si eres silencioso y tus ojos no tienen polvo, y tu corazón es un espejo puro, ésa será la experiencia de todos. ¡Esta gente sin duda es extraordinaria! Estoy en contra de todo el pasado, estoy en contra de todo el condicionamiento, estoy en contra de todas las ideologías, de todas las religiones organizadas. Así que sólo muy pocas personas, que tienen el valor para deshacerse del pasado en su totalidad, pueden tener la oportunidad de estar conmigo. Estar conmigo es riesgoso. Es peligroso... peligroso para tu mente. Estar conmigo al final significa que tendrás que perder la cabeza. Claro que no será una pérdida, porque estarás alcanzando algo mayor, algo más vasto, algo sin límites. Estarás alcanzando un estado de no mente.

Sólo un estado de no mente es una puerta abierta; sin ningún juicio, te permite ver las cosas como son, no como deberían ser, no como te gustaría que fueran, no para que encajen contigo. La existencia no está obligada a encajar con tu mente. Pero todas las mentes luchan de alguna manera por hacer que la existencia encaje con ellas. Es imposible; de ahí la miseria, la frustración, la desesperación profunda, la sensación de fracaso.

Los grandes filósofos del mundo contemporáneo, los existencialistas, perdieron toda valentía. Perdieron su arrojo por la sencilla razón de que son las mentes más refinadas, cultivadas, educadas, racionales. Desde sus mentes no pueden ver belleza en ningún lado, no pueden ver alegría en ningún lado, no pueden ver esperanza en ningún lado. Están en una profunda angustia.

Pero la existencia está celebrando. Sigue trayendo flores nuevas, sigue trayendo estrellas nuevas, sigue trayendo algo nuevo a cada instante. Se está renovando constantemente, y hay una canción que la rodea entera y hay una danza que puedes ver en los árboles, en los pájaros, en los animales, en los niños, en los sabios. Pero para ver eso tienes que dejar de lado tu mente.

A veces sucede por sí solo. Al escucharme, te vuelves muy atento, te sales de tu mente. Aquellos pocos momentos en que te sales de tu mente, te haces consciente de este extraordinario encuentro de hermanos y hermanas. Esta gente ha dado un paso enorme. Arriesgó su mente establecida para investigar lo extraño y lo desconocido y, en última instancia, lo incognoscible. Pusieron de lado todas sus explicaciones para acceder al milagro y misterio de la existencia. Se deshicieron de sus ambiciones, de su deseo de dinero, de poder, de prestigio, de respetabilidad. Ahora todo lo que les interesa es una cosa sencilla: ¿cómo saber quién soy yo?

Si no te conoces a ti mismo, todo conocimiento es vano; y si te conoces a ti mismo, no necesitas saber nada innecesario. Al conocerse a sí mismo, uno conoce el núcleo más recóndito de la existencia, el mero centro. Percibir ese centro es tan gozoso, tan extático que no hay necesidad... Ya no eres un mendigo;

de pronto te volviste emperador. Todo el reino de Dios ahora es tuyo.

Esta gente se ha enfrentado valientemente contra todo el mundo. No es ordinaria, es completamente extraordinaria. Estar solo como león, y no como borrego en la multitud, es la mayor valentía que existe. Muy poca gente es capaz de salir de la psicología de masas, de la mente colectiva. La mente colectiva te da una sensación de falsa seguridad. Naturalmente te da la idea de que tanta gente —hay cinco mil millones de personas en el mundo— no puede estar equivocada. Naturalmente, no hay necesidad de que busques la verdad de forma individual. Todas esas personas ya la descubrieron; es más fácil y barato seguirlas... ser cristiano, hindú o mahometano o comunista. Es muy fácil sentirte calientito y cómodo en una multitud.

Estar solo como un alto cedro libanés, completamente solo en el cielo, lejos de la tierra, casi alcanzando las estrellas... Pero la belleza de los cedros libaneses radica en su valor para salir de la multitud, su valor para estar solos...

Gautama Buda solía llamar a sannyas el rugido de un león. Así que siempre que estoy en una brecha, si estás en sintonía conmigo, también estás en una brecha. Entonces te vuelves consciente de que estás rodeado de una multitud extraña. No es la multitud ordinaria del mercado: éstos son buscadores, indagadores. Es gente dispuesta a sacrificarlo todo por la verdad. Es gente que renunció a todo el conocimiento prestado y está en busca de algo propio, porque lo que no es tuyo no es correcto. Puede haber sido correcto para Gautama Buda, puede haber sido correcto para Jesucristo, pero no es correcto para ti.

Eres un individuo único por derecho propio. Tienes que encontrar la verdad solo, no siguiendo los pasos de alguien más. El mundo de la verdad es como el cielo en el que los pájaros vuelan sin dejar huellas. El mundo de la verdad tampoco tiene huellas de Jesús, ni de Gautama Buda, ni de Lao Tsé. Es el mundo de la conciencia: ¿dónde podrías dejar huellas?

Todos los seguidores, sin excepción, están equivocados. Están siguiendo a alguien porque no tienen el valor para buscar por su cuenta. Tienen miedo de que solos: "Tal vez no pueda encontrar nada. ¿Y qué necesidad si Gautama Buda ya encontró?".

Pero nunca piensas que cuando Gautama Buda bebe, su sed está saciada; eso no ayudará a tu sed. Jesús come, su hambre desaparece; pero eso no te alimentará a ti. Tienes que comer, tienes que beber; no puedes depender de alguien más. Si tanta gente grande ha amado, ¿qué necesidad hay de que ames? Puedes sólo seguirlos. Pero eso no será amor; no será más que una copia al carbón. Y en este mundo, ser una copia al carbón es la forma más fea de ser.

El único hombre auténtico siempre es original. No es una réplica, no es una repetición. Es una canción nueva, una danza nueva, un principio nuevo, siempre y siempre. Pero tienes razón al decir que "al ver a estas personas extraordinarias del planeta, verlas con esta conciencia hace que caiga de mi mente a mi corazón". Ése es un símbolo hermoso. Es un gran indicador. Si puedes pasar de la cabeza al corazón, has logrado algo que la sociedad ha estado impidiendo. La sociedad no quiere que seas un hombre de corazón. La sociedad necesita cabezas, no corazones.

Yo nunca he estado en ningún lugar... y he pasado por muchas universidades. Estuve de visita en la mejor universidad de la India, en Varanasi, y uno de los académicos más famosos, el Dr. Hajari Prasad Dwivedi, estaba presidiendo la reunión a la que iba a dirigirme. Él era la cabeza y decano de la facultad de artes.

—¿Alguna vez se ha preguntado por qué le llaman la cabeza, y no el corazón? —le pregunté.

—Siempre haces preguntas raras —contestó.

Era un hombre viejo, y ahora está muerto.

—En toda mi vida —dijo—, nadie me había preguntado por qué me llaman la cabeza, y no el corazón.

Pero opinó que, aunque la pregunta fuera muy rara, "hay algo importante en tu pregunta. También me haces preguntarme por qué no dicen que alguien es el corazón del departamento de filosofía —eso sería más auténtico, más esencial—, sino que es la cabeza del departamento de filosofía".

La sociedad está dividida en cabeza y manos. ¿Te has dado cuenta de que llaman manos a los obreros? La gente pobre que trabaja con las manos, los trabajadores manuales, son llamados manos, mano de obra... y hay personas encima de ellos llamadas cabezas. Pero el corazón no está en ningún lado; no hay nadie a quien llamen corazón.

Es inmensamente importante que comiences a sentir una agitación en el corazón, porque él es mucho más valioso que tu cabeza. Tu mente lo tiene todo prestado... no tiene nada propio. Pero tu corazón sigue siendo tuyo. Tu corazón no es cristiano, tu corazón no es hindú, tu corazón sigue siendo existencial. No ha sido corrompido ni contaminado. Tu corazón sigue siendo original, y hay un salto cuántico tremendo de la cabeza al corazón.

Un paso más —del corazón al ser— y llegarás a casa, el peregrinaje habrá acabado. Nadie puede ir directamente de la cabeza al ser. Son desconocidos; no están conectados entre sí. Ni siquiera los han presentado. Ni tu ser sabe nada de la cabeza, ni tu cabeza sabe nada del ser. Viven en la misma casa, pero son completos desconocidos. Como su funcionamiento es tan distinto, nunca se topa uno con el otro, nunca se encuentran.

El corazón es el puente. Parte del corazón conoce a la cabeza y parte del corazón conoce al ser. El corazón es una estación intermedia. Cuando te estás acercando a tu ser, el corazón es una parada de una noche. Desde el corazón podrás ver algo del ser, pero no desde la cabeza; por eso los filósofos nunca se convierten en místicos. Los poetas se convierten, se transforman... los pintores, escultores, bailarines, músicos, cantantes están más cerca del ser.

Pero toda nuestra sociedad está dominada por la cabeza, porque la cabeza puede ganar dinero. Es muy eficiente —las máquinas siempre son más eficientes—, puede cumplir todas tus ambiciones. Tus sistemas educativos crean la mente, y toda tu energía comienza a moverse... evitando el corazón.

El corazón es lo más importante porque es el portal a tu ser, a tu fuente de vida eterna. Me gustaría que todas las universidades del mundo hicieran a la gente consciente del corazón, que la hicieran más estética, más sensible... sensible a todo lo que nos rodea, la belleza inmensa, la alegría inmensa.

Pero el corazón no puede cumplir tus deseos egoístas; ése es el problema. Puede darte una experiencia tremenda del amor, un cambio alquímico. Puede convertir lo mejor de ti en su forma más clara y pura, pero no creará dinero, poder, prestigio. Y ésos se han vuelto los objetivos.

Es muy importante que sigas deslizándote de la cabeza al corazón. Sólo toma un poco más de riesgo: deslízate del corazón al ser. Ésa es la piedra angular de tu vida. ¿Pero qué te pasa? Estás diciendo: "Porque cuando estoy lidiando con mis cosas se me olvida verlos como son, y no como los percibo".

¿Qué son tus cosas? En primer lugar, no son tuyas. Sólo míralas: son toda suerte de basura que te metió la gente, tus padres, tu sociedad, tus maestros, tus líderes, tus santos; nada de eso te pertenece. Usaron tu mente casi como bote de basura: cualquiera que pasa le tira algo. Tus cosas no son tuyas: eso es lo primero que tienes que recordar, porque te cambiará la visión. Y esas cosas no son más que una carga innecesaria, un equipaje con el que estás cargando y que te está aplastando.

Un sannyasin de África, Bhavani Dayal, fue de peregrinaje al Himalaya. Mientras escalaba bajo el caliente sol —estaba transpirando, su respiración se dificultaba y traía una mochila al hombro—, delante de él vio a una niña de no más de diez años cargando en sus hombros quizá a su hermano, un niñito, pero muy gordo. También ella estaba transpirando, y al acercarse a ella, por compasión dijo:

—Hija mía, tu carga te ha de estar matando.

La niña estaba furiosa.

—Tú traes una carga —le dijo—: éste es mi hermano, no es una carga.

En la báscula las dos son cargas, las dos pesan, pero en la báscula del corazón la niña tenía razón, y el viejo sannyasin estaba equivocado. Él mismo escribió en su autobiografía: "Nunca hubo otra situación en la que una niñita me señalara algo en lo que nunca había pensado".

La cabeza sólo puede pensar en carga, responsabilidad, deber. El corazón no sabe de responsabilidad, aunque reaccione espontáneamente. El corazón no sabe de cargas porque sabe de amor. El amor lo vuelve todo ingrávido. El amor es la única fuerza que no está bajo el control de la gravedad. No te jala hacia abajo. Te da alas y te lleva más allá.

Tus cosas no son especiales; todo mundo está lleno de la misma mierda. Tenemos que limpiar todas esas "cosas". Haz que tu mente no tenga cosas... y al desaparecer ellas, la mente también desaparecerá. La mente no es más que un nombre colectivo para tus cosas.

El maestro les preguntó a sus pupilos qué actos de amabilidad habían tenido con animales necesitados. Después de que varios de los niños contaran conmovedoras anécdotas de amabilidad, el maestro le preguntó al pequeño Ernie si tenía algo que contar.

—Bueno —dijo Ernie, orgulloso—, una vez pateé a un niño por patear a su perro.

¿Qué son tus cosas? Sólo observa... Nos perdemos en esa selva. Hazte a un lado y ve.

El grupo local de señoras invitó a su nueva vecina a comer. Cuando ésta se fue, las demás hablaron de ella.

—Bueno —dijo la Sra. Finkelstein—, parece ser muy dulce, pero ¡Dios mío! Blablabla... creí que nunca se detendría.

—¿Creen que todo lo que diga es verdad? —preguntó la Sra. Rosenbaum.

—No lo creo —bufó Becky Goldberg—, no existe tanta verdad en el mundo.

Sólo observa tus cosas. Nuestra inconsciencia es lo que no deja de recolectar todo tipo de basura. Esa basura se vuelve tan espesa que no te permite ver las cosas como son; tampoco te permite entrar a tu subjetividad más profunda.

Las religiones del mundo le dicen a la gente que renuncie al mundo. Yo digo que no renuncies al mundo: el mundo no te ha hecho nada malo. Renuncia a esa basura, a las cosas que traes cargando.

Pero la gente, durante siglos, ha renunciado al mundo y cargado con las cosas. No importa dónde estés —el Himalaya, los monasterios—, tus cosas estarán ahí. Puedes renunciar al mundo, porque el mundo no te está impidiendo nada, ¿pero cómo vas a renunciar a tu mente? Y si tienes que renunciar a la mente, no hay necesidad de ir a un monasterio, no hay necesidad de ir al Himalaya; no importa dónde estés, puedes renunciar a ella. No hay necesidad de todo el ascetismo que la gente se obliga a hacer.

Me contaron de un monasterio trapense. La regla del monasterio era que sólo podías hablar una vez cada siete años. Un joven entró y el abad le preguntó:

—¿Estás consciente de que ésta es una vida muy austera, y de que no puedes hablar en siete años? En siete años sólo tienes una oportunidad de hablar; luego tendrás que callar otros siete años. ¿Así que estás preparado? Porque ésa es la parte más difícil.

Pero el joven estaba decidido, con una decisión fanática. Aceptó la regla y lo iniciaron en el monasterio. Obtuvo una celda y vio la situación... La cama, el colchón, estaba tan sucio —quizá lo habían usado durante siglos— que apestaba. Y durante siete años ni siquiera le podía decir al abad ni a nadie: "Por favor, quiten este colchón. Me va a matar...". No había manera de decir nada, así que tuvo que aguantar la peste durante siete años.

Al completarse los siete años, corrió con el abad y dijo:

—Casi me matan. Quiten ese colchón de inmediato. ¡Está tan sucio que parece que Adán y Eva lo usaron!

El abad ordenó un colchón nuevo. Llegó el nuevo, pero era un poco grande para la celdita. Así que los trabajadores lo metieron a la fuerza, y al hacerlo rompieron uno de los vidrios de la ventana. Pero él no podía decir nada; y ahora por ese vidrio roto empezó a entrar agua, entraba la lluvia, y en las noches de frío entraba el hielo.

¡Estaba en una situación más peligrosa que antes! Ya se había acostumbrado a ese colchón apestoso, pero ésta era una situación más difícil. Demasiado frío... temblaba y siempre estaba mojado y no entraba el sol a la celda.

—Dios mío, siete años... —se dijo— tenía la esperanza de que las cosas se arreglaran, ¡pero empeoraron aún más!

Siete años después, fue con el abad y dijo:

—¿Qué clase de colchón me envió? Esos idiotas rompieron la ventana y durante siete años he sufrido frío, temblado de día y noche, esperando a que se acaben. Parecía una eternidad.

—Está bien —dijo el abad—, deberán arreglar la ventana.

La arreglaron, pero después de siete años de lluvia, de nieve, el colchón se había podrido... pero ahora tenía que esperar otros siete años. El joven pensó:

—Ahora no puedo sobrevivir. Ya pasaron catorce años. Vine aquí a encontrar la verdad, ¿y qué fue lo que encontré? Nunca me lo había imaginado, esto es una pesadilla.

Pero por fin pasaron esos siete años también. Ahora había sufrido durante veintiún años. Fue con el abad y dijo:

—Éste es un lugar extraño. Llevo veintiún años sufriendo lo mismo en diferentes formas.

El abad se enojó mucho.

—Desde que llegaste todo son quejas, quejas, quejas... ¡nunca una palabra de aprecio! No eres digno de ser monje. ¡Fuera del monasterio!

—Dios mío, veintiún años de sufrimiento innecesario, y ahora me corre.

—No podemos permitir personalidades tan negativas —dijo el abad.

Sólo mira tus cosas. Es completamente innecesario sufrirlas, puedes tirarlas. Deberías limpiar tu mente. ¿Para qué seguir apilando basura y más basura? Pero como las llamas "mis" cosas, surgió una identidad; se convirtieron en tu tesoro. Así que lo primero es: no las llames "mis" cosas. Esas cosas te las metió toda suerte de gente tonta a tu alrededor.

Mi padre tenía un amigo al que consideraban el hombre más sabio de la zona, y solía llevarme con él para que obtuviera un poco de sabiduría. Yo me sentaba ahí con los dedos en los oídos.

—Te traje para que entendieras algo y estás ahí sentado con los dedos en los oídos —dijo mi padre—. ¿Estás loco?

—Yo no estoy loco —dije—, tú estás loco. Este tipo me está lanzando todo tipo de basura, y no estoy dispuesto a dejar que entre en mi cabeza. Será una molestia innecesaria: primero recogerla y luego limpiarla. ¿Qué sentido tiene? Yo ya estoy limpio.

El viejo sabio se enojó mucho.

—Tienes que encargarte de este niño —dijo—. Tiene que ser controlado y disciplinado. Esto es muy irrespetuoso conmigo. Nunca en la vida me habían hecho algo así.

—Nunca en la vida se había encontrado con alguien con agallas —dije—; porque lo que está haciendo es recolectar basura de las escrituras —su casa estaba llena de escrituras antiguas— y lanzándola a la cabeza de la gente. Deberían llevarlo a la corte. Tienen que meterlo a la cárcel, porque es el mayor criminal de la zona. Ya destruyó la mente de tanta gente, que ésta toda su vida va a sufrir y creer que son sus cosas.

Si puedes mantener una distinción clara entre lo que es tu propia experiencia y lo que te metieron en la cabeza, entonces debes descartar todo lo introducido, lo prestado. Eso es lo único a lo que tienes que renunciar.

El mundo es perfecto y hermoso. Tu mente sólo debe estar callada, vacía, abierta, y tendrás la claridad para ver a la gente como es... no sólo la gente, sino para verte a ti mismo como eres. Esa comprensión provocará una transformación en tu ser. El mundo se convierte en un lugar totalmente distinto: de la desesperación a la danza, de la oscuridad a la luz, de la muerte a la vida eterna.

4. LA VÍA DEL CORAZÓN

Siempre hay vías de la mente y vías del corazón; necesitan apoyarse entre sí. Y si sucede que la mente no está de acuerdo con el corazón, entonces la mente está equivocada. Que estén o no de acuerdo no importa, lo que importa es que tu corazón se sienta cómodo, en paz, silencioso, armonioso, en casa.

Estamos entrenados para la mente, así que nuestra mente es muy elocuente y nadie le pone atención al corazón. De hecho, todo el mundo lo hace a un lado porque no sirve para nada en el mercado. No sirve para nada en el mundo de las ambiciones, ni en la política, ni en los negocios. Pero conmigo, la situación es la opuesta: la mente no sirve para nada. El corazón...

Todo sucede; tu corazón sólo tiene que estar listo para recibirlo. Todo viene, pero si tu corazón está cerrado... Las leyes secretas de la vida son tales que las puertas de tu corazón ni siquiera serán abiertas a la fuerza.

La existencia sabe esperar; puede esperar toda la eternidad.

Todo depende de ti. Todo está listo para suceder en cualquier momento. Sólo abre todas tus puertas, todas tus ventanas, para que la existencia pueda inundarte desde todos lados. No hay más dios que la existencia, y no hay otro paraíso que tu ser. Cuando la existencia inunda tu ser, el paraíso entra en ti... o tú entras en el paraíso; formas distintas de decir lo mismo.

¿Qué es este anhelo que ninguna relación puede
satisfacer, que las lágrimas no alivian, que muchos y
hermosos sueños y aventuras no cambian?

Así es, no sólo contigo, sino con cualquiera que tenga un poquito de inteligencia. La gente estúpida no lo detecta, pero el inteligente se tropezará con el hecho tarde o temprano —y entre más inteligente seas, más pronto será— de que ninguna relación lo puede satisfacer.

¿Por qué? Porque toda relación es sólo una flecha hacia la relación última; es un mojón, no una meta. Toda aventura amorosa es sólo una indicación de una aventura amorosa más grande, sólo una probadita, pero no te va a saciar la sed ni el hambre. De hecho, al contrario, esa probadita te dará más sed, te dará más hambre.

Eso es lo que pasa en toda relación. En vez de darte satisfacción, te da una insatisfacción tremenda. Toda relación falla en este mundo; y es bueno que falle; habría sido una maldición que no lo hiciera. Es una bendición que falle. Como toda relación falla, empiezas a buscar la relación definitiva con Dios, con la existencia, con el cosmos. Ves la futilidad una y otra vez, que ningún hombre, ninguna mujer va a satisfacer; cada experiencia termina en una frustración tremenda, comienza con una gran esperanza y te deja con una gran desesperanza. Siempre es así: llega con un gran romance y termina con un sabor amargo. Cuando sucede una y otra vez, uno tiene que aprender algo: que cada relación es sólo un experimento para prepararte para la relación definitiva, para la aventura amorosa definitiva.

De eso se trata la religión.

Dices: "¿Qué es este anhelo que ninguna relación puede satisfacer?". Es el anhelo de divinidad. Puede que lo sepas o puede que no. Puede que aún no seas capaz de articular exactamente qué es, porque al principio es muy vago, nebuloso, está rodeado de una gran niebla. Pero es el anhelo de la verdad, es el anhelo de fundirte en el todo para que ya no haya separación alguna.

No puedes fundirte con un hombre o una mujer para siempre, por fuerza la separación ocurrirá. La fusión sólo puede ser momentánea, y cuando termine ese momento, quedarás en una gran oscuridad. Cuando se vaya ese relámpago, ese rayo, la oscuridad será aun mayor que antes. Por eso millones de personas deciden no entrar en ninguna relación amorosa: porque por lo menos uno está acostumbrado a la propia oscuridad, uno no conoce nada más. Hay cierta satisfacción: uno sabe que así es la vida, que no hay nada más, así que no hay insatisfacción.

En cuanto pruebas el amor, en cuanto ves unos cuantos momentos de alegría, de ese tremendo pálpito cuando dos personas ya no son dos... Pero caes una y otra vez de esa cumbre; y cada vez que caes, la oscuridad es mucho más oscura que antes, porque ahora sabes que la luz existe. Ahora sabes que hay cumbres, sabes que la vida tiene mucho más que ofrecer, que esta existencia mundana de ir a la oficina todos los días y volver a casa y comer y dormir... que esta existencia mundana no lo es todo, que esta existencia mundana es sólo el porche del palacio.

Pero si no estás consciente del palacio, si nunca te han invitado a pasar y siempre has vivido en el porche, entonces crees que eso es vida, que ése es tu hogar. En cuanto se abre una ventana y puedes ver el interior del palacio —su belleza, su grandeza, su esplendor—, o en cuanto te invitan a pasar un momento pero te sacan otra vez, el porche ya nunca puede satisfacerte. Ahora ese porche será una gran carga en tu corazón. Ahora vas a sufrir, tu agonía será inmensa.

Ésta es mi observación: quienes no son muy creativos están más satisfechos que quienes sí lo son. Quien es creativo está muy insatisfecho, porque sabe que mucho más es posible y no está pasando. ¿Por qué no está pasando? La persona creativa está en una búsqueda constante, no puede descansar, porque ha tenido algunos atisbos. De vez en cuando se ha abierto una ventana y ha visto más allá. ¿Cómo podría descansar? ¿Cómo podría sentirse cómodo y confortable en ese estúpido porche? Esa persona conoce el palacio. También ha visto al rey, y sabe: "Ese palacio me pertenece; es mi derecho de nacimiento". Todo lo que necesita es saber cómo entrar al palacio, cómo convertirse en residente permanente. Sí, ha estado dentro un momento... y la han sacado una y otra vez.

Entre más sensible sea una persona, más insatisfecha te parecerá. Entre más inteligente, más insatisfacción tendrá. Siempre ha sido así.

Vas de Occidente a Oriente; ves al mendigo en el camino, al peón cargando lodo sobre la cabeza y te sientes un poco sorprendido: sus rostros no muestran descontento. No tienen nada que los satisfaga, pero de alguna manera están satisfechos. Y los supuestos religiosos de la India creen que es gracias a la religión que están satisfechos. Los presuntos santos indios no dejan de presumirlo:

—¡Mira! Occidente lo tiene todo; la ciencia y la tecnología le han brindado a Occidente todas las comodidades posibles y sin embargo nadie está satisfecho. Y en nuestro país, la gente es tan religiosa que, aunque no tenga nada, está satisfecha.

Los santos de la India no dejan de presumirlo, pero toda su presunción está basada en una falacia. La gente de la India —los pobres, los ignorantes, los hambrientos— no están satisfechos porque sean religiosos; están satisfechos porque no tienen sensibilidad. Están satisfechos porque no son creativos, están satisfechos porque nunca han tenido el menor atisbo.

Occidente se está quedando insatisfecho porque la comodidad, la conveniencia, todo lo que la ciencia le ha brindado le ha dado mucho tiempo para explorar —para meditar, para orar, para tocar música, para danzar— que han comenzado a tener algunos atisbos. Se están volviendo conscientes de que la vida tiene mucho más que ofrecer que lo que aparece en la superficie; uno tiene que bucear profundo.

Oriente tan sólo es pobre; y la pobreza hace a la gente insensible, recuérdalo. Un pobre tiene que ser insensible, de lo contrario, no podría sobrevivir. Si es muy sensible, la pobreza será demasiado para él. Tiene que endurecer su piel para protegerse; de lo contrario, ¿cómo sobrevivirá? Tiene que volverse ciego, sólo así podrá vivir en un país pobre. De lo contrario, ahí está el mendigo, ahí están los enfermos muriendo en la calle. Si no es insensible, ¿cómo podría trabajar? Esos mendigos lo atormentarán. Tiene que cerrar sus puertas. Puedes ver cómo sucede en las calles de la India. El visitante occidental se confunde mucho la primera vez: un hombre está muriendo en la calle y ningún indio se percata; la gente pasa de largo. Sucede todos los días.

Si la gente comenzara a percatarse, no podría vivir; no tienen tiempo para darse ese lujo. ¡Es un lujo! No pueden llevar a esa persona al hospital, no tienen tiempo. Si empiezan a ser tan compasivos, ellos mismos comenzarán a morir, ¿porque quién ganará dinero para su familia? Tienen que volverse totalmente ciegos y sordos. Siguen moviéndose como zombis, sin ver nada. Lo que quiera que pase al lado del camino no tiene nada que ver con ellos, no es de su incumbencia; todo el mundo sufre su propio karma. El mendigo muriendo en la calle está sufriendo su propio karma: tal vez haya sido un asesino en una vida pasada. No tienes por qué preocuparte por él; de hecho, debería alegrarte que sufra su karma: ahora el karma está cerrado. La próxima vez nacerá rey o algo así... bellas racionalizaciones para mantenerte ciego, insensible.

Es muy difícil que el pobre tenga sensibilidad estética; no se lo puede permitir. Si tiene sensibilidad estética, sentirá demasiado su pobreza, será insoportable. No puede ser sensible a la higiene, no puede ser sensible a la belleza. No puede permitirse esas cosas, ¿qué sentido tiene tener sensibilidad? Será una tortura, una tortura constante. No podrá dormir en su fea casa con todo tipo de suciedad, con todo tipo de cosas podridas; ¡son sus únicas posesiones! Parece estar muy satisfecho; tiene que estarlo, no se puede permitir la insatisfacción.

No tiene nada que ver con religión, recuérdalo. Todos los pobres están satisfechos, sin excepción. Puedes ir a África y ver que los pobres están satisfechos; son aun más pobres que los indios y su satisfacción es mucho más profunda. Puedes ir con las tribus aborígenes indias, que son las más pobres del mundo, pero en sus rostros sólo verás satisfacción, como si nada estuviera mal, como si todo estuviera bien. Tienen que creer que todo está bien; tienen que hipnotizarse constantemente para creer que todo está bien; de lo contrario, ¿cómo podrían dormir y cómo podrían comer?

En cuanto un país se vuelve rico, se vuelve sensible. En cuanto un país se vuelve rico, opulento, cobra conciencia de muchas, muchas dimensiones de la vida que siempre habían estado ahí, pero que no tenía tiempo de ver. El país rico empieza a pensar en música, pintura, poesía y, finalmente, meditación, porque la meditación es el último lujo. No hay mayor lujo que la meditación. La meditación es el último lujo, porque es la aventura amorosa definitiva.

Es bueno que no te sientas satisfecho con tus relaciones. Los indios están muy satisfechos, porque de hecho no tienen relaciones. Son matrimonios, eso no tiene nada que ver con una relación. Lo deciden los padres y los astrólogos y los quirománticos. No tiene nada que ver con las personas que se van a casar; ni siquiera les preguntan, simplemente las ponen en una situación en la que comienzan a vivir juntos. No es una relación. Puede que produzcan hijos, pero no es amor; no hay romance ahí. Pero una cosa buena sí tiene: es muy estable. Cuando no hay relación, no hay posibilidad de divorcio. Sólo es posible el divorcio si hay amor. Trata de entenderme. El amor significa una gran esperanza, el amor significa "Ya llegué". El amor significa «Ya encontré a la mujer o al hombre". El amor significa el sentimiento de que "Estamos hechos el uno para el otro". El amor significa que ya no hay necesidad de seguir buscando.

Si comienzas con una esperanza tan grande, para cuando termine la luna de miel, la relación habrá terminado. Esas grandes esperanzas no pueden ser consumadas por seres humanos. Esperas que la mujer sea una diosa; no lo es. Ella espera que el hombre sea un dios; no lo es. ¿Cuánto tiempo pueden seguirse engañando? Tarde o temprano empezarán a ver la realidad. Verán el hecho, y la ficción empezará a evaporarse. Ninguna relación puede satisfacer a nadie, porque toda relación comienza con una gran esperanza imposible de consumar.

Sí, puede consumarse esa esperanza, pero sólo cuando te hayas enamorado del todo. Ninguna parte puede consumarla. Cuando te enamores del todo, cuando suceda la fusión con el todo, sólo entonces habrá satisfacción. No habrá nadie satisfecho, sólo habrá satisfacción. Y no tendrá fin.

Yo estoy a favor del amor, porque el amor falla. Eso quizá te sorprenda: tengo mi propia lógica. Yo estoy a favor del amor, porque el amor falla. No estoy a favor del matrimonio, porque el matrimonio triunfa; te da una solución permanente. Y ése es el peligro: te quedas satisfecho con un juguete, te quedas satisfecho con algo plástico, artificial, hecho por el hombre.

Por eso en Oriente, en particular en la India... Es un país muy antiguo, y los países antiguos se vuelven astutos al igual que la gente vieja se vuelve astuta. Por astucia, la India decidió instaurar el matrimonio infantil, porque una vez que uno es adolescente, la esperanza comienza a crecer: anhelo, romance, poesía; entonces será difícil. La mejor manera que encontró la India fue el matrimonio infantil, el matrimonio entre niños. No saben qué es el matrimonio, no saben qué es una relación, no saben qué es el amor —ni siquiera tienen hambre de él—, el sexo no ha madurado en ellos. Que se casen.

Sólo piénsalo: una niña de tres años casada con uno de cinco. Ahora crecerán juntos como lo hacen los hermanos y las hermanas. ¿Alguna vez has deseado divorciarte de tu hermana? No creo que nadie se divorcie nunca de su hermana, no hay necesidad. La das por hecho. Todo el mundo cree que su madre es buena, hermosa; su hermana es hermosa, su hermano es hermoso. Das por hecho esas cosas. Sólo había una relación que podías elegir libremente: tu cónyuge, tu mujer, tu hombre. En la India también destruimos esa libertad. Los esposos y las esposas se dan por hecho como hermanos y hermanas. Y cuando creciste con alguien durante años surge cierta clase de amistad, cierta clase de asociación. Te acostumbras al otro.

No es una relación, no es amor. Pero la India prefirió la estabilidad, y un país antiguo sabe perfectamente bien que el amor nunca puede ser estable. Elige el amor y elegirás problemas.

En Occidente, el amor se ha vuelto cada vez más importante, y con él han surgido toda clase de problemas. La familia se está desmoronando, desapareciendo, en realidad. La gente está cambiando de esposa y esposo tantas veces, que todo parece ser un caos.

Pero yo estoy a favor del amor y en contra del matrimonio, en particular del arreglado, porque el matrimonio arreglado te da satisfacción. ¿Y el amor? El amor nunca te puede satisfacer. Te da más y más sed de un amor cada vez mejor, te hace anhelarlo cada vez más, te da una insatisfacción tremenda. Y esa insatisfacción es el inicio de la búsqueda de la verdad. Cuando el amor falla muchas veces, empiezas a buscar un nuevo tipo de amante, un nuevo tipo de amor, una nueva cualidad de amor. Esa aventura amorosa es la oración, la meditación, sannyas.

Está bien que el anhelo de las aventuras amorosas ordinarias nunca se satisfaga. El anhelo se intensificará más; ninguna relación te va a satisfacer. Te frustrará más y las lágrimas no van a aliviarte, no pueden. Puede que ayuden un momento, pero estarás lleno de dolor y agonía otra vez. Nada cambia con muchos sueños y aventuras hermosos, nada cambia. Pero yo digo que los sigas. Nada cambia, pero tú cambias al pasar por todos esos sueños y aventuras hermosos. Nada cambia en el mundo.

Sólo piensa, esta pregunta surgió en ti. Esto es un cambio. ¿Cuánta gente habrá que se haga ese tipo de pregunta? Esa pregunta no es ordinaria; no es por curiosidad. Puedo sentir el dolor, la agonía; puedo sentir tus lágrimas, puedo ver tus frustraciones, puedo ver toda la miseria y el sufrimiento por los que has pasado. Es casi tangible.

Nada cambia en el mundo. Pero al fallar una y otra vez, algo en ti cambia, y ésa es la revolución. Tan sólo hacer una pregunta así está al borde de una revolución. Entonces se necesita una nueva aventura. Las viejas aventuras fallaron y se necesita una nueva —no en el sentido de que necesites buscar un nuevo hombre o una nueva mujer—, una nueva en el sentido de que tienes que buscar en una dimensión nueva. Esa dimensión es la dimensión de lo divino.

Yo te digo que estoy realizado y satisfecho, no por una relación mundana, no por una aventura amorosa mundana, sino porque tener una aventura amorosa con toda la existencia es absolutamente satisfactorio.

Y cuando uno está pleno, empieza a desbordar. No puede contener su satisfacción. Está bendito, tan bendito está que comienza a bendecir a los demás. Tan bendito está que se convierte en una bendición para el mundo.

Hablas muy seguido de asombro y de amor. ¿Cómo se relaciona estar en un estado de asombro e inocencia infantil con estar en un estado de amor?

El asombro es la mayor cualidad espiritual. El asombro significa que funcionas a partir de un estado de no saber. El conocedor nunca siente asombro; es incapaz de sentir asombro porque cree que ya sabe. Sabe todas las respuestas estúpidas, puede que se sepa toda la *Enciclopedia Británica*; por eso toda pregunta ya está resuelta en su mente. Cuando hay una pregunta tal que no tenga respuesta, que no sea incontestable sólo hoy, sino siempre; que no sea desconocida, sino incognoscible... Cuando uno se enfrenta a lo incognoscible, a lo incontestable, uno siente asombro. Uno está en estado de asombro, como si el corazón dejara de latir, como si no respiraras por un instante.

La experiencia del asombro es tal que todo se detiene. Todo el mundo se detiene; el tiempo se detiene, la mente se detiene, el ego se detiene. Por un instante eres de nuevo un niño, asombrado por las mariposas y las flores y los árboles y las piedritas en la costa, y las conchitas... asombrado por todo, eres un niño otra vez.

Y cuando puedas asombrarte y sentir la inmensa belleza de la existencia que sólo puede sentirse en el asombro, cuando de pronto estés poseído por la existencia, abrumado, podrás danzar, podrás celebrar ese instante, podrás decir "¡Ajá!" y no sabrás decir nada más, no habrá palabras, sólo signos de exclamación... ¡!

El conocedor vive con un signo de interrogación y el asombrado vive con un signo de admiración. Todo es tan tremendamente profundo que es imposible conocerlo. El conocimiento es imposible. Cuando sientes eso, toda tu energía da un brinco, un salto cuántico, de la mente al corazón, del saber al sentir. Cuando no hay posibilidad de conocer, tu energía ya no se mueve en esa dirección.

Cuando te das cuenta de que no hay posibilidad de conocer, que el misterio seguirá siendo un misterio, que no se puede desmitificar, tu energía comienza a moverse en una nueva dirección: la dirección del corazón. Por eso digo que el amor está relacionado con el asombro, con la inocencia infantil. Cuando no estás obsesionado con el conocimiento, te vuelves amoroso. Los conocedores no son amorosos, los cabezudos no son amorosos; aunque amen, sólo creen que aman. Su amor también pasa por su cabeza. Y al pasar por la cabeza, el amor pierde toda su belleza, se vuelve feo. Los cabezudos son calculadores; la aritmética es lo suyo.

El amor es saltar a una existencia peligrosamente viva sin calcularlo. La cabeza dice: "Piensa antes de saltar"; pero el corazón dice: "Salta antes de pensar". Su manera de hacer las cosas es diametralmente opuesta.

El conocedor se vuelve cada vez menos amoroso. Puede que hable de amor, puede que escriba tratados sobre el amor, puede que obtenga doctorados por sus tesis sobre el amor, pero no sabe nada del amor. No lo ha vivido. Es un tema que ha estudiado, no un asunto que esté viviendo. Me preguntas: "Osho, hablas muy seguido de asombro y de amor...". Sí, siempre hablo del asombro y del amor juntos, porque son dos caras de la misma moneda. Y tendrás que aprender a partir del asombro, porque la sociedad ya te hizo conocedor. La escuela, la universidad... la sociedad ha creado un gran mecanismo para hacerte conocedor. Y entre más retacado de conocimiento estés, menos fluirá tu energía amorosa. Hay tantos bloques creados por el conocimiento, tantas piedras en el camino del amor, pero no hay una institución en el mundo en la que te ayuden a ser amoroso, donde alimenten tu amor.

Ésa es mi noción de una universidad real, eso es lo que quiero crear aquí. Claro que el gobierno no la reconocerá, las demás universidades no la reconocerán. Y puedo entenderlo, si la reconocen, será una sorpresa para mí. Que no la reconozcan en realidad es reconocerla: reconocer que es un tipo de institución totalmente distinta, donde la gente no se vuelve conocedora, sino amorosa.

La humanidad ha vivido con conocimiento durante siglos, y ha vivido de una manera muy fea. D. H. Lawrence alguna vez propuso que si durante cien años todas las universidades y colegios y escuelas se cerraran, la humanidad tendría un beneficio inmenso.

Estoy totalmente de acuerdo con él. Esas dos personas, Friedrich Nietzsche y D. H. Lawrence, son personas hermosas. Fue desafortunado que nacieran en Occidente; por eso no supieron de Lao Tsé, de Chuang Tsé, de Buda, de Bodhidharma, de Rinzai, de Basho, de Kabir, de Mirabai. Es desafortunado que sólo conocieran la tradición judeocristiana. Y el enfoque judeocristiano de la vida los ofendía mucho. Es muy superficial.

Friedrich Nietzsche solía firmar: "El Anticristo, Friedrich Nietzsche". Primero escribía "Anticristo". No era realmente un anticristo, anticristiano sí, porque en uno de sus momentos más cuerdos dijo que el primer y último cristiano fue crucificado: el primer y último fue Jesucristo. Pero en su nombre hay algo totalmente falso, y cuando los judíos negaron a Cristo, se volvieron falsos. Desde ese feo día no han vivido de verdad. ¿Cómo puedes tener una vida hermosa si rechazas tus propias flores? Lo que Moisés había empezado, un fenómeno hermoso, llegó a su clímax en Jesucristo, y los judíos lo rechazaron. Ese día rechazaron su propia flor, su propia fragancia. Desde entonces no han estado viviendo correctamente.

La gente que siguió a Jesús creó algo completamente en contra de Jesús. Si regresara, le darían náuseas, asco, al ver todo lo que sucede en su nombre.

—Jesús prometió regresar. ¿Va a regresar? —me preguntó alguien.

—Si regresa —le contesté—, esta vez no tendrán que crucificarlo: ¡se suicidaría! Con sólo ver a los cristianos le bastará para suicidarse. Por eso sospecho que no va a regresar. Con una vez bastó, dos sería demasiado.

Pero esos dos hombres, Nietzsche y Lawrence, fueron inmensamente incomprendidos en Occidente. También dieron razones para que no los comprendieran; estaban indefensos, tropezando en la oscuridad. Claro que iban en el sentido correcto; de haber estado en Oriente, se habrían vuelto budas. Tenían potencial, mucho potencial, mucha perspicacia. Estoy de acuerdo con ellos en muchas cosas.

D. H. Lawrence estaba en contra de la presunta educación: no es educación, es mala educación. La educación real sólo puede estar basada en el amor, no en el conocimiento. La educación real no puede ser utilitaria, la educación real no puede ser mercantil. No es que la educación real no te dé conocimiento; primero, la educación real preparará a tu corazón, tu amor, y luego te dará todo el conocimiento que necesites para pasar por la vida, pero será secundario. Y nunca será dominante; no será más valioso que el amor.

Cuando hay posibilidad de conflicto entre el amor y el conocimiento, la educación real te ayudará a deshacerte de tu conocimiento y moverte por amor; te dará valentía, te dará aventura. Te dará espacio para vivir, aceptar todos los riesgos, inseguridades; te ayudará a estar dispuesto a sacrificarte si el amor lo exige. No sólo pondrá al amor por encima del conocimiento, sino incluso de la vida, porque la vida no tiene sentido sin amor. El amor sin vida sigue teniendo sentido; aunque tu cuerpo muera, tu energía amorosa no cambia. Sigue, es eterna, no es un fenómeno temporal.

Para tener un corazón amoroso necesitas una mente menos calculadora. Para ser capaz de amar, necesitas ser capaz de asombro. Por eso siempre digo que el asombro y la inocencia infantil están profundamente relacionados con esa energía llamada amor. De hecho, son nombres diferentes de la misma cosa.

Wu-wei y la vía del corazón.
¿Cómo están relacionados?

No están relacionados, son la misma cosa: tan sólo dos maneras de decir lo mismo.

Wu-wei significa acción sin acción. Significa hacer sin hacer. Significa permitir aquello que quiere suceder. No lo hagas, permite que suceda. Y ésa es la vía del corazón.

La vía del corazón significa la vía del amor. ¿Puedes "hacer" amor? Es imposible hacer amor. Puedes estar enamorado, pero no lo puedes hacer. Pero seguimos usando expresiones estúpidas, como "hacer el amor". ¿Cómo podrías hacer el amor? Cuando el amor está ahí, tú no estás. Cuando el amor está ahí, el manipulador, el hacedor, no está. El amor no permite ninguna maniobra de tu parte. Sucede. Sucede de pronto, de la nada. Es un regalo. Al igual que la vida es un regalo, el amor es un regalo.

La vía del corazón o la vía del amor o la vía de *wu-wei*. Todas son iguales. Insisten en que hay que deshacerse del hacedor, olvidarlo, y no tienes que vivir la vida como manipulador. Tienes que vivir la vida como flujo de lo desconocido. No vayas a contracorriente ni intentes empujar al río. Fluye con él.

El río ya va hacia el mar. Sólo sé uno con él y te llevará al mar. Ni siquiera hay necesidad de nadar. Relájate y deja que el río te lleve. Relájate y deja que la existencia te posea. Relájate y deja que el todo tome la parte.

Hacer significa que la parte está tratando de hacer algo contra el todo, la parte está tratando de tener su propia voluntad contra el todo.

Wu-wei significa que la parte ha comprendido que sólo es una parte y dejó toda lucha. Ahora el todo hace y la parte es feliz. El todo danza y la parte danza con él. Estar en sintonía con el todo, estar en ritmo con el todo, estar en una profunda relación orgásmica con el todo es el significado de *wu-wei*. Y ése es el significado del amor.

Por eso Jesús dice: "Dios es amor". Está creando un paralelo, porque en la experiencia humana no hay nada que se acerque más a la divinidad que el amor.

Escucha: naciste, pero entonces no estabas consciente en absoluto. Estaba sucediendo. Pero ya sucedió; no se puede hacer nada ya. Algún día morirás, pasará en el futuro. En este instante estás vivo. Sucedió el nacimiento, sucederá la muerte. Entre los dos sólo hay una posibilidad: el amor.

Ésas son las tres cosas básicas: nacimiento, amor y muerte. Las tres suceden. Pero el nacimiento ya sucedió, ahora no puedes ser consciente de él. Y la muerte aún no sucede, ¿cómo podrías ser consciente de ella ahora? Sólo el amor es la posibilidad entre los dos, y está sucediendo ahora. Sé consciente de él y ve cómo sucede.

No hay nada de tu parte. Tú no haces nada. Un día de pronto sientes un brillo; un día de pronto sientes surgir una energía. En manos de lo desconocido, el dios del amor tocó a la puerta. De pronto ya no eres el mismo, el tedio desapareció, el aburrimiento desapareció, el estancamiento desapareció. De pronto estás cantando y bullendo de alegría, de pronto ya no eres el mismo. En la cumbre olvidas los valles, los oscuros valles. La luz del sol y la cumbre, ¿hiciste algo por ellos?

La gente va por ahí enseñando a amar. ¿Cómo puedes amar? Por culpa de esa enseñanza, el amor se ha vuelto imposible. La madre no deja de decirle al niño: "Ámame, soy tu madre". ¿Cómo se supone que el niño ame? De hecho, ¿qué se supone que haga? El niño no puede saber qué hacer, cómo hacerlo. Y la madre no deja de insistir. Y el padre no deja de insistir: "¡Cuando vuelvo a casa, quiero amor!" Poco a poco el niño se convierte en político, inicia la política del amor, que no es amor en absoluto. Comienza a hacer trucos. Se vuelve engañoso. Sonríe cuando se acerca la madre, y ella siente: "Me ama".

Tiene que hacerlo porque depende de ello, su supervivencia depende de ello. Está indefenso. Se vuelve diplomático. No siente amor, pero tiene que fingir. Tarde o temprano la impostura se arraiga tanto que sigue fingiendo toda su vida. Entonces ama a una mujer porque es su esposa; entonces ama a un hombre porque es su esposo. Uno tiene que amar. El amor se convierte en un deber. ¿Se te ocurre una posibilidad más absurda? El amor se vuelve un deber, uno tiene que hacerlo. Es un mandamiento, uno tiene que cumplirlo. Es una responsabilidad.

Ahora el amor real nunca le sucederá a esa persona, a una mente tan condicionada, porque el amor siempre es un suceso. Siempre te agarra desprevenido. De pronto, de la nada, llega a ti. La flecha llega, golpea el corazón; sientes el dolor, el dulce dolor, pero no sabes de dónde ni cómo sucede. El amor sigue en manos de la existencia. Es un suceso.

El otro día estaba leyendo una anécdota...

Friedrich Wilhelm I, gobernante de Prusia a principios del siglo XVIII, era un gordo excéntrico que no respetaba las formalidades. Caminaba por las calles de Berlín sin sirvientes, y cuando alguien lo molestaba —y era fácil molestarlo—, no dudaba en usar su bastón de garrote. ¡El rey comportándose así!

No es de sorprender que cuando los berlineses lo veían a lo lejos, abandonaran la zona en silencio. Los caminos estaban vacíos. Cada vez que lo veían venir, escapaban de inmediato.

Un día, Friedrich Wilhelm estaba caminando por una de las calles y un ciudadano lo vio, pero fue demasiado tarde, su intento de escurrirse silenciosamente por una puerta fue un fracaso.

—¡Tú! —lo llamó Friedrich Wilhelm—. ¿A dónde vas?

—A la casa, su majestad —dijo el ciudadano, temblando violentamente.

—¿Es tu casa?

—No, su majestad.

—¿De un amigo?

—No, su majestad.

—¿Entonces por qué quieres entrar?

El pobre ciudadano, temiendo que lo acusaran de robo y con todo su ingenio agotado, por fin decidió decir la verdad:

—Para evitarlo, su majestad.

Friedrich Wilhelm frunció el ceño.

—¿Para evitarme? ¿Por qué?

—Porque le tengo miedo, su majestad.

Friedrich Wilhelm se puso morado y golpeó los hombros del otro con su garrote, gritando:

—¡No se supone que me temas! ¡Se supone que me ames! ¡Ámame, sabandija! ¡Ámame!

¿Cómo se supone que uno ame? El amor no puede ser un deber. No se supone que nadie ame. No se puede ordenar a nadie que ame. No se le puede decir a nadie que ame. Si sucede, sucede. Si no sucede, no sucede. La mera noción de que puedes hacer algo al respecto ha creado tal situación que el amor no le está sucediendo a mucha gente. Rara vez le sucede a alguien. Es tan escaso como la divinidad, porque la divinidad es amor, porque el amor es divinidad.

Si estás disponible para el amor, también estarás disponible para la divinidad. Son lo mismo. El amor es el principio y la divinidad es el fin. El amor es el umbral del templo de lo divino.

El camino del amor o el camino del corazón sencillamente significan que nada está entre tus manos. No desperdicies el tiempo. El todo se encargará. Por favor, relájate; deja que el todo se apropie de ti.

Osho, sé que Dios es amor,
¿pero entonces por qué le tengo tanto miedo?

No sabes que Dios es amor. Me has oído decir una y otra vez que Dios es amor; por eso comenzaste a repetirlo. Eres un perico. Yo sé que Dios es amor y por lo tanto es imposible temerle a Dios. ¿Cómo puedes temer al amor?

El miedo y el amor no pueden existir juntos; su coexistencia es imposible. De hecho, la misma energía que se convierte en miedo, se convierte en amor. Si se convierte en miedo, no hay más energía disponible que se convierta en amor; si se convierte en amor, el miedo desaparece. Es la misma energía. Esa energía, en estado caótico, se llama miedo, y cuando se convierte en un cosmos, cuando está en un acuerdo profundo, se llama amor.

Todavía no sabes que Dios es amor. Dices: "Sé que Dios es amor...". Lo has oído, pero no lo sabes. Es información, hasta donde sabes; aún no es conocimiento, no es tu propia experiencia auténtica. Y recuerda siempre que a menos de que algo se convierta en tu experiencia auténtica, no te va a transformar; de ahí el problema.

Dices: "Sé que Dios es amor, ¿pero entonces por qué le tengo tanto miedo?". Estás forzado a temerle porque no sabes que Dios es amor. Los sacerdotes llevan siglos diciéndote que Dios te está observando constantemente, que Dios quiere que seas así y no asá, que éstos son los Diez Mandamientos de Dios, que los sigas. Y si no los sigues, Dios te tiene preparado un gran infierno. ¿Un padre que prepara un fuego infernal para sus propios hijos? Es imposible siquiera concebirlo. Los sacerdotes han hecho a Dios tan feo para dominar a la gente, porque la gente sólo se puede dominar con miedo.

Recuérdalo: todo el secreto del oficio de los sacerdotes —hindúes, cristianos, mahometanos, jainistas, budistas, sus filosofías difieren, pero su secreto de oficio es el mismo— es siempre mantener a la gente asustada, temblando. Si la gente está asustada, está dispuesta a someterse. Si la gente está asustada, está dispuesta a ser esclava. Si la gente está asustada, no puede juntar valor para rebelarse. El miedo la mantiene impotente; el miedo es un proceso de castración psicológica. Lo han hecho durante siglos: el miedo ha sido la mayor arma en manos de los sacerdotes y la han usado generosamente.

El hijo de los Goldberg, Jake, se negaba a tomar en serio la escuela. Nunca hacía la tarea y se iba de pinta todo el tiempo.

El director sugirió que lo mandaran a una yeshivá. Los Goldberg lo hicieron, pero lo expulsaron en unas semanas.

Los Goldberg sabían que las escuelas parroquiales católicas eran muy estrictas, así que decidieron mandar a Jake a una. Lo inscribieron a la Escuela para Niños Cristo Rey, y le advirtieron que se comportara e hiciera su tarea, porque era su última oportunidad. Si lo expulsaban, lo mandarían a una escuela para delincuentes.

Después de una semana en la escuela parroquial, Jake volvió a casa con calificaciones excelentes. Lo habían convertido milagrosamente en un estudiante serio y bien portado.

—¿Por qué cambiaste de pronto? —preguntó Goldberg.

—Bueno —contestó—, cuando vi a un hombre colgado de una cruz en cada cuarto, pensé que lo mejor sería no pasarme de listo.

¡Haz que se asusten, que siempre estén temblando! Hazles saber que Dios es un dictador, un Dios muy enojón, celoso, completamente incapaz de perdonar si desobedeces. La desobediencia es el mayor pecado a ojos de los sacerdotes; por eso expulsaron a Adán y a Eva. No habían cometido ningún pecado. ¿Qué habían hecho en realidad? No mucho, pero los sacerdotes llevan siglos hablando al respecto. ¡Y Dios estaba tan enojado que no sólo expulsó del Edén, del paraíso, a Adán y a Eva, sino a toda la humanidad con ellos!

Tú sufres porque Adán y Eva desobedecieron. No has hecho nada malo; estás sufriendo por su pecado, por ser su descendiente. ¡El pecado es tan grande que no sólo los castigaron a ellos, sino a sus descendientes durante miles y miles de años!

¿Y cuál fue el pecado, en realidad? ¿Por qué tanto escándalo? Fue tan inocente, tan natural que no puedo concebir cómo podrían haberlo evitado. Si hay un responsable, Dios mismo es responsable. Había millones de árboles en el Jardín del Edén, y sólo había un árbol del que Dios no quería que Adán y Eva comieran; sólo uno, el árbol prohibido. Y la razón por la que estaba prohibido también parece ser muy fea. La razón es que si comes del árbol de la ciencia, te volverás como Dios, y Dios es muy celoso. Fíjate por qué estaba prohibido el árbol: es porque si comes de él, de ese árbol, el árbol de la ciencia, te volverás inmortal, un dios. Sabrás tanto como Dios, y eso es intolerable. Así que Dios tiene ese árbol protegido, sólo para él; ha de estar comiendo del árbol de la ciencia, y se lo prohibió a Adán y a Eva.

Eso es exactamente lo que hace todo padre. Fuma y se lo prohibe a sus hijos:

—No fumen. Es malo. ¡Les hace mal!

Pero como el padre se ve tan bello fumando, a los hijos les encanta. ¡También les gustaría ser como su padre, y se ve tan viril cuando chupa su puro, se ve tan orgulloso! Nunca se ve tan orgulloso como cuando chupa su puro, descansando en su silla, leyendo el periódico. Los niños se sienten atraídos. Cuando el padre no está ahí, también se sientan en la misma silla, extienden el mismo periódico, aunque no puedan leer, y empiezan a chupar. Y les da un gran placer, porque les da un gran ego.

De hecho, prohibir es invitar. Decirle a los niños: "¡No lo hagan!", es buscarse problemas.

Yo solía vivir con una familia. Había un problema: el padre era fumador, un fumador compulsivo, y un profesor universitario muy reconocido. Pero algo le preocupaba: me preguntó qué hacer. Sólo tenía un hijo, y le daba miedo que tarde o temprano empezara a fumar.

—Haz esto —le dije—: lo mejor es darle cigarros a tu hijo, ofrecerle los cigarros tú mismo, y decirle que fume todo lo que quiera.

—¿De qué estás hablando? —dijo—. ¿Estás loco o estás bromeando?

—Entonces déjamelo a mí —le dije—. Yo me encargo.

Le ofrecí un cigarro al hijo.

—Pero tú no fumas —dijo.

—Eso no importa —dije—, no te preocupes por mí. ¡Pero tú aprende! ¡Es una de las cosas más bellas de la vida!

—¿Y entonces por qué tú no fumas? —preguntó otra vez.

—A mí no me metas —dije—, yo no soy muy listo. ¡Mira a tu padre! Si yo soy tonto, ¿vas a ser tonto tú también?

Me costó mucho convencerlo, porque la pregunta que me hacía una y otra vez era:

—Me dices que fume, ¿pero por qué no fumas tú?

—¡Pruébalo y sabrás! —dije.

Así que lo probó, y supo, y tiró el cigarro.

—Ya sé por qué no fumas —dijo—. ¿Entonces por qué insististes? ¿Por qué trataste de convencerme? ¡Me da náuseas, asco!

Tosió y le brotaron lágrimas... y eso fue todo, se acabó.

—Nunca le digas al chico que no fume —le dije a su padre.

Recuerda la antigua historia de Adán y Eva. Si yo hubiera sido Dios, habría llevado a Adán y a Eva al árbol de la ciencia y los habría obligado a comer hasta vomitar, y fin del problema. Pero Dios les dijo que no comieran de ese árbol. Fue una invitación; no se requería una serpiente.

La serpiente fue una invención de los sacerdotes para poder evitar a Dios; podían echarle la culpa a la pobre serpiente. La pobre serpiente no tenía nada que ver; ella era totalmente inocente. ¿Alguna vez has visto a una serpiente persuadir de hacer cualquier cosa a una mujer? ¿Y qué le interesa a la serpiente? Si ella hubiera querido comer, nadie se lo habría prohibido. ¿Por qué habría de seducir a Eva para que se comiera el fruto del árbol de la ciencia? ¿Ella qué ganaba si Adán y Eva se volvían conocedores? No, la serpiente es una invención para poder echarle la culpa. Pero si vas al fondo de la historia, es muy sencillo: Dios tiene la culpa. Primero le impones una orden a la gente, y tu mera imposición crea resistencia, crea una gran ansiedad de desobediencia. Y la desobediencia es pecado, el mayor pecado es la desobediencia. Y entonces tienes que crear el infierno y toda suerte de castigos, y tienes que mantener a la gente asustada.

Los sacerdotes inventaron ese cuento para asustar al hombre. Los sacerdotes nunca quisieron que el hombre se volviera listo, porque la gente lista es peligrosa: peligrosa para el *statu quo*, para el *establishment*, peligrosa para los intereses particulares. Los sacerdotes querían que la gente se quedara totalmente ignorante, sin inteligencia. Durante siglos ni siquiera permitieron que la gente leyera las escrituras. En muchas religiones, las mujeres aún no tienen permitido leer las escrituras, ni siquiera hoy en día. Sigue habiendo una profunda conspiración. La conspiración es que todas las escrituras están en lenguas muertas; nadie las entiende, sólo los sacerdotes. Los sacerdotes mantuvieron el poder durante siglos porque eran los únicos que sabían esas lenguas. Las escrituras estaban en sánscrito, hebreo, árabe, griego, latín... lenguas antiguas que ya nadie habla. Hasta existe la sospecha de que hay algunas que nunca se hablaron. Por ejemplo, el sánscrito parece ser una lengua que nunca fue hablada. Siempre ha sido la lengua de los estudiosos, no del pueblo; de los pandits, no de las masas.

En la India había dos lenguas: una se llamaba prácrito; *prácrito* significa "natural", lo que habla la gente. Y *sánscrito* significa literalmente "refinado", "aristocrático", que sólo hablan los estudiosos y académicos en las universidades. Todas las grandes escrituras fueron escritas en sánscrito.

Mahavira y Buda fueron los primeros en hablar en la lengua del pueblo, y los brahamanes indios nunca les han perdonado ese pecado. Hablar en la lengua de la gente implica perder el poder de los sacerdotes. Si la gente se vuelve conocedora, si sabe lo que está en las escrituras, no será engañada tan fácilmente. De hecho, sólo puedes adorar a los Vedas si no los entiendes. Si los entiendes, 99% es basura. El 1% es oro puro, sin duda, pero 99% es pura basura. Pero si no los entiendes, todo es oro. En la oscuridad, te pueden dar cualquier cosa con las palabras: "¡Es oro, adóralo!" Y durante siglos se han adorado los Vedas.

Los sacerdotes querían que adoraras las escrituras, no que las entendieras. Porque si entiendes las escrituras, tarde o temprano vas a tener algo claro: que no son las fuentes reales. Tarde o temprano, te tropezarás con la verdad: "Krishna habla desde un estado meditativo, Cristo habla desde un estado meditativo. Lo que dice es secundario, desde dónde habla es primordial. A menos de que alcance ese estado de conciencia, no podré entender las palabras, porque esas palabras en sí mismas están vacías; el significado sólo puede venir de la experiencia". Las escrituras estaban prohibidas; era un pecado... Sólo los brahamanes, los sacerdotes, la casta más alta tenían permitido leerlas.

Por todo el mundo continúa la conspiración. Los rezos todavía se hacen en lenguas muertas; no sabes qué estás diciendo. ¿Cómo podrías sentir algo si no sabes lo que estás diciendo? ¿Cómo podría salir de tu sentimiento y de tu corazón? Tu rezo se convierte en una grabación de gramófono: "La Voz del Maestro", una repetición. Y esperas llegar a algún lado repitiendo rituales muertos. Sólo vas a desperdiciar tu vida.

Y entonces surgirá un gran miedo: "No sé de dónde venga, quién sea, a dónde vaya. Todo a mi alrededor es oscuridad y más oscuridad, oscuridad infinita, ni una sola luz en la vida. Entonces tienes que ir con el sacerdote e inclinarte ante él. Tienes que pedirle orientación. Ése es el secreto de la profesión: mantén a la gente asustada. Y sólo puedes mantener asustada a la gente si la mantienes ignorante. Deja que tiemblen, entonces siempre estarán dispuestos a tocarte los pies, a obedecerte; porque representas a Dios, y desobedecerte es peligroso, muy peligroso. Los lanzarán al infierno por toda la eternidad.

Greenberg, en andrajos y con dos bolsas de papel, fue detenido por un agente aduanal.

—¿Qué trae en esas bolsas? —preguntó el oficial.

—Traigo 25 mil dólares, para donarlos aquí en Israel.

—Por favor —se burló el oficial—, no parece que traiga dinero ni para pagar su comida; ¿cómo podría donar dinero al Estado de Israel?

—Bueno, verá, yo trabajaba en un baño de caballeros, y cuando los hombres entraban, les decía: "Done para ayudar a Israel o le corto las pelotas".

—Está bien, así que trae 25 mil dólares en una bolsa, ¿pero qué hay en la otra?

—Algunos no quisieron donar.

Eso han estado haciendo los sacerdotes: destruyendo tus agallas, destruyendo tu valentía, destruyendo tu autoestima, destruyendo tu confianza en ti mismo.

Dices: "Sé que Dios es amor, ¿pero entonces por qué le tengo tanto miedo?". Sigues rodeado de las tonterías que los sacerdotes te metieron en la cabeza; estás lleno de esa basura. Toma tiempo librarte de ella. Toma mucho tiempo, en realidad, porque lleva siglos sucediendo. Ha sido una historia tan larga y fea que es un fenómeno raro que alguien pueda escapar.

Todo mi esfuerzo es ayudarte a escapar. Yo estoy en contra de todo el negocio del sacerdocio. Quiero que estés cara a cara con Dios sin sacerdotes, sin sacerdocio. Dios es tuyo, tú eres de Dios; no hay necesidad de mediadores. La función del maestro no es convertirse en mediador entre Dios y tú. Justo lo contrario: la función del maestro es retirar todo lo que se entrometa entre Dios y tú. Él mismo se retira al final; ya no está entre Dios y tú. Sólo está ahí hasta cierto punto, mientras retira otras cosas. Cuando todo lo demás fue retirado, se retira él; eso es lo último que hace el maestro. Y en cuanto el maestro se retira, ya no está entre Dios y tú, en ese momento sabes que toda la existencia es amor.

Ésa es la materia llamada amor de la que está hecho el universo.

Jesús dice: "Dios es amor". Yo te digo que el amor es Dios. Cuando Jesús dice: "Dios es amor", es posible que Dios sea muchas cosas más; el amor es sólo un atributo. Cuando yo digo que el amor es Dios, digo que el amor es la única cualidad. No hay nada más en Dios mas que el amor; de hecho, es otro nombre del amor. Puedes deshacerte del nombre "Dios", no se perderá nada. Deja que el amor sea tu Dios.

Pero tendrás que deshacerte de los sacerdotes. Tendrás que deshacerte de tus llamadas religiones, iglesias, templos, rituales, escrituras. Hay mucha basura de la que hay que deshacerse. Es una gran obra, porque te han dicho que es muy preciado; te han impuesto la basura como si fuera oro y, como te lo han dicho tantas veces, estás condicionado. La gente está condicionada para ver ciertas cosas. Cuando hay un cierto condicionamiento, ves las cosas por medio de él y así parecen.

Dos hombres estaban sentados bajo un árbol; uno era hindú y el otro, mahometano. Los pájaros cantaban, era una hermosa mañana de primavera. Los dos escucharon un rato, luego el hindú dijo:

—¿Oyes? Todos los pájaros están resonando con el sonido om. Puedo oírlo. Llevo treinta años practicando el om, y ahora puedo descifrarlo con facilidad. Todos los pájaros resuenan con el mismo sonido: el sonido insonoro, el antiguo sonido de los hindúes, omkar.

—¡Tonterías! —rio el mahometano—. Yo también he practicado mis rezos. Los pájaros no están diciendo om, están diciendo amin.

Los rezos mahometanos, los rezos cristianos, terminan con amin; los cristianos lo llaman amén, los mahometanos lo llaman amin. Los rezos hindúes terminan con om. Sin duda hay alguna verdad en algún lugar, expresada parcialmente por los tres. Cuando la mente está en un silencio absoluto, se oye cierto sonido. Si eres hindú, lo interpretarás como un om; si eres mahometano, como amin; si eres cristiano, como amén; pero nadie puede decir con certeza de qué se trata. De hecho, puede interpretarse de muchas formas; tu interpretación es lo que se impone.

Si le preguntas a un místico real, que no sea hindú, ni mahometano, ni cristiano, te dirá: "Siéntate en silencio a mi lado y escucha. No hay necesidad de interpretarlo todo, porque no importa lo que digamos al respecto, será nuestra imposición, será nuestra idea impuesta al sonido. Sólo escucha, siéntate en silencio... Yo lo estoy escuchando, tú también escucha. Yo lo sé, tú lo sabrás. No hay necesidad de decir nada al respecto".

Se dice que una vez pasó...

Un gran místico, Farid, conoció a Kabir, otro gran místico. Durante dos días se sentaron en silencio juntos. Sí, a veces reían, soltaban risitas sin razón alguna, y a veces se abrazaban y besaban, pero no dijeron una sola palabra. Casi mil personas se habían reunido —los discípulos de ambos— con gran expectativa de que les comunicaran algo, y nadie quería perderse una oportunidad tan grande. Que Kabir le dijera algo a Farid iba a ser extraordinario, o que Farid le dijera algo a Kabir iba a ser algo que sólo se escucharía una vez en un siglo.

Pero pasaron dos días y los discípulos se hartaron y se aburrieron. Y entre más se aburrían los discípulos, más reían y se abrazaban y se besaban los místicos. Y entonces llegó el momento de la partida; Farid tenía que irse. Kabir salió del pueblo para darle la despedida, sólo para decir adiós. Otra vez se abrazaron, otra vez rieron, y Farid partió.

Los discípulos de Farid siguieron a Farid y los discípulos de Kabir siguieron a Kabir a casa. Cuando estuvieron solos, los discípulos de Farid preguntaron:

—¿Qué pasó, maestro? Todo el tiempo está hablándonos. ¿Qué pasó? ¿Por qué se volvió mudo? Durante dos días no habló, ¿y qué eran esas risitas?

—No hubo necesidad de decir nada —contestó Farid—, porque yo oigo lo mismo que él oye, veo lo mismo que él ve, ¿qué sentido tiene decirle algo? Habría sido totalmente estúpido de mi parte. Cuando puedo ver que él oye lo mismo, ve lo mismo, es lo mismo —estamos encontrando la misma realidad—, ¿qué sentido tiene decirlo?

—¿Entonces de qué se reían? —preguntaron.

—¡De ustedes, porque estaban aburridísimos! Nos reíamos de ustedes. Habían ido a oírnos hablar; fueron estúpidos, se perdieron una gran oportunidad. Ahí había dos maestros en silencio absoluto; dos pozos de energía silenciosa, dos puertas abiertas simultáneamente a la existencia, y se lo perdieron. Querían palabras, ruido. Podrían haberse sentado en silencio, podrían haber formado parte de nuestro silencio. Podrían haber entrado en relación con nosotros. No lo hicieron: estaban aburridos, hartos, bostezando. ¡Y sólo de verlos nos reímos, nos daba risa la clase de tontos que habíamos reunido!

No se puede decir nada; cuando lo sabes, no hay manera de expresarlo. Pero si lo quieres expresar, entonces la palabra que se acerca más a Dios es amor. Incluso eso es un mero aproximado, pero está muy cerca. Y la palabra Dios se ha asociado con las personas equivocadas, con las nociones equivocadas. De hecho, mucha gente se ofende cuando pronuncias la palabra Dios.

Yo no me siento apegado a esa palabra; te puedes deshacer de ella. Pero recuerda el amor; no te puedo decir que te deshagas de él, porque sin amor nunca alcanzarás a Dios. Puedes amar sin Dios, y por fuerza Dios entrará, lo sepas o no, creas en él o no. La fe no es un requerimiento: el amor es una necesidad absoluta. Me has oído decir que Dios es amor. Vívelo, y todo el miedo desaparecerá. Y comienza a deshacerte de los sacerdotes y los siglos de mal condicionamiento. Te han vuelto asustadizo.

De hecho, los sacerdotes son enemigos de Dios, porque entre más gente tema a Dios, menor será la posibilidad de que lo conozcan; porque el miedo es un muro, no un puente. El amor es un puente, no un muro. Por supuesto, el miedo ayuda a los sacerdotes a vivir y a explotarte, pero te despoja de Dios. Los sacerdotes están al servicio del Diablo. Si hay alguien como el Diablo, entonces los sacerdotes están a su servicio; no están al servicio de Dios.

Por eso hay tantas religiones y el planeta permanece irreligioso, totalmente irreligioso. Tantos templos y tantas iglesias y mezquitas y sin embargo no ves la fragancia de la religión. No ves los rostros de la gente llenos de gracia, sus ojos llenos de silencio, sus pies bailando, sus vidas mostrando qué es la divinidad. Puede que digan que creen en Dios, pero su vida dice otra cosa, completamente diferente. Su vida muestra una irreligiosidad absoluta: deshonestidad, inautenticidad, insinceridad, odio, enojo, codicia... nada de oración, nada de amor, nada de compasión, nada de meditatividad.

Medita, ama y olvida a los sacerdotes; sácalos de tu ser. Estás sufriendo por impedimentos.

5. EL AMOR: EL PODER MÁS PURO

El amor tiene un poder inmenso, pero es un tipo muy distinto de poder. Estamos familiarizados con el poder de la violencia y la agresión, estamos familiarizados con el poder animal: poder destructivo. Por eso seguimos escribiendo la historia de Alejandro Magno y Genghis Khan y Tamerlán y Nader Shah y Adolf Hitler y Iósif Stalin y demás. Esa gente tiene cierto poder, pero es poder violento, agresivo, destructivo. Está en contra de Dios, está en contra de la existencia. Esas personas son criminales.

Hay que reescribir la historia, hay que sacar a esta gente de la historia por completo, como si nunca hubieran existido. No deberíamos envenenar a los niños con sus nombres. La historia debería tratar de Gautama el Buda, Jesucristo, Zaratustra, Krishna, Kabir, Mirabai, Rabiya... hombres y mujeres amorosos. También tienen poder, pero es una clase de poder totalmente distinta, crea. Es muy fácil destruir. Cualquier niño puede hacerlo, cualquier tonto puede hacerlo, no se requiere inteligencia. Pero para crear se requiere mucha inteligencia. Sólo las personas que experimentan la belleza, la verdad, el amor pueden hacerlo.

Osho, cuando hablas del concepto de voluntad de
Nietzsche, es el polo opuesto al concepto de voluntad
que desarrollaron los nazis a partir de la misma
fuente, y que sigue estando generalizado en Occidente.
¿Podrías hablar de la diferencia?

El destino del genio es ser incomprendido. Si no malentienden a un genio, no es un genio en absoluto. Si las masas pueden entender, quiere decir que esa persona está hablando al nivel de la inteligencia ordinaria.

Friedrich Nietzsche está incomprendido, y por ese malentendido ha habido desastres tremendos. Pero quizá fuera inevitable. Para comprender a un hombre como Nietzsche debes de tener por lo menos el mismo estándar de conciencia, si no es que mayor. Adolf Hitler estaba tan retrasado que es imposible creer que pudiera comprender el sentido de Nietzsche, pero se convirtió en profeta de su filosofía. E interpretó según su mente retrasada —no sólo interpretó, sino que actuó según esas interpretaciones— y el resultado fue la Segunda Guerra Mundial.

Cuando Nietzsche habla de "voluntad de poder", no tiene nada que ver con voluntad de dominio. Pero ése es el sentido que los nazis le dieron.

La "voluntad de poder" es diametralmente opuesta a la voluntad de dominio. La voluntad de dominio proviene del complejo de inferioridad. Uno quiere dominar a los demás sólo para demostrar que no es inferior, sino superior. Pero necesita demostrarlo. Sin prueba alguna sabe que es inferior; tiene que encubrirlo con muchas, muchas pruebas.

El hombre realmente superior no necesita prueba, simplemente es superior. ¿Acaso una rosa argumenta a favor de su belleza? ¿Acaso la luna llena se molesta con probar lo gloriosa que es?

El hombre superior simplemente lo sabe, no tiene necesidad de pruebas; por lo tanto, no tiene voluntad de dominio. Sin duda tiene "voluntad de poder", pero entonces tienes que hacer una distinción muy fina. Su voluntad de poder significa que quiere crecer hasta su máxima expresión.

No tiene nada que ver con nadie más, todo lo que le ocupa es el individuo. Quiere florecer, sacar todas las flores escondidas en su potencial, elevarse lo más posible en el cielo. Ni siquiera es comparativo, no está tratando de elevarse más que otros; tan sólo trata de elevarse hasta su máximo potencial.

La "voluntad de poder" es absolutamente individual. Quiere danzar hasta lo más alto del cielo, quiere dialogar con las estrellas, pero no le preocupa demostrar que nadie más sea inferior. No es competitiva, no es comparativa.

Adolf Hitler y sus seguidores, los nazis, le han hecho tanto mal al mundo porque impidieron que el mundo comprendiera a Friedrich Nietzsche y su verdadero sentido. Y no sólo fue una cosa: en casi cada concepto tiene el mismo tipo de malentendido.

Es un destino muy triste, que nunca ha sufrido ningún gran místico ni ningún gran poeta antes de Nietzsche. La crucifixión de Jesús o el envenenamiento de Sócrates no son un destino tan terrible como el que sufre Friedrich Nietzsche: ser incomprendido a tal escala que Adolf Hitler lograra matar a más de ocho millones de personas en su nombre. Tomará un poco de tiempo... Cuando Adolf Hitler y los nazis y la Segunda Guerra Mundial se hayan olvidado, Nietzsche volverá a su verdadera apariencia. Va a volver. Apenas el otro día, sannyasins japoneses me informaron que mis libros se están vendiendo en su idioma al ritmo más elevado, y junto a ellos están los de Friedrich Nietzsche: sus libros también se están vendiendo. Unos días antes llegó la misma información desde Corea. Quizá la gente esté encontrando algo similar en ellos. Pero Friedrich Nietzsche debe ser interpretado otra vez, para poder deshacernos de todas las tonterías que los nazis echaron encima de su hermosa filosofía. Hay que purificarlo, necesita un bautizo.

Sammy le cuenta a su abuelo del gran científico Albert Einstein y su teoría de la relatividad.

—Ah, sí —dice el abuelo—. ¿Y qué dice la teoría?

—La maestra dice que sólo unas pocas personas en el mundo la pueden entender —explica el niño—, pero luego nos dijo qué significa. La relatividad es así: si un hombre se sienta una hora con una chica guapa, siente que hubiera pasado un minuto; pero si se sienta en una estufa caliente un minuto, siente que hubiera pasado una hora. Ésa es la teoría de la relatividad.

El abuelo se queda callado y sacude la cabeza lentamente.

—¿Sammy —dice suavemente—, así se gana la vida tu tal Einstein?

La gente comprende según su nivel de conciencia.

Sólo fue una coincidencia que Nietzsche cayera en manos de los nazis. Necesitaban una filosofía guerrera, y Nietzsche apreciaba la belleza del guerrero. Querían una idea por la cual luchar, y Nietzsche les dio una buena excusa: el superhombre. Por supuesto, de inmediato se apropiaron de la idea de superhombre. Los arios nórdicos germánicos serían la nueva raza humana de Nietzsche, los superhombres. Querían dominar el mundo, y Nietzsche fue muy útil porque estaba diciendo que el anhelo más profundo del hombre es la "voluntad de poder". La convirtieron en voluntad de dominio.

Ahora tenían toda la filosofía: los arios nórdicos germánicos serían la raza superior porque darían a luz al superhombre. Tendrían voluntad de poder y dominarían el mundo entero. Ése era su destino: dominar a los seres humanos inferiores. Obviamente, la aritmética es sencilla: el superior debería dominar al inferior.

Sus bellos conceptos... Nietzsche nunca se habría imaginado que se volverían tan peligrosos, una pesadilla tan horrible para toda la humanidad. Pero no puedes evitar ser incomprendido; no puedes hacer nada al respecto.

Un borracho que olía a whisky, tabaco y perfume barato subió a tropezones a un autobús, se deslizó por el pasillo y se tumbó en un asiento junto a un cura.

El borracho miró un rato a su ofendido compañero de asiento y dijo:

—Oiga, padre, tengo una pregunta para usted. ¿Qué causa la artritis?

La respuesta del cura fue corta y seca.

—Una vida inmoral —dijo—: demasiado licor, bebida y encuentros con mujeres ligeras.

—¡Que me parta un rayo! —dijo el borracho.

Pasaron un momento en silencio. El cura empezó a sentirse culpable de haber reaccionado tan fuerte ante un hombre que claramente necesitaba compasión cristiana. Se giró hacia el borracho y dijo:

—Lo siento, hijo. No quise ser duro. ¿Hace cuánto que sufres de este terrible mal de la artritis?

—¿Sufrir yo? —dijo el borracho—. Yo no tengo artritis. Acabo de leer en el periódico que le dio al Papa.

¿Qué puedes hacer? Ya que dijiste algo, todo depende del otro y qué va a sacar de ahí.

Pero Nietzsche es tan inmensamente importante que hay que limpiarlo de toda la basura que los nazis echaron a sus ideas. Y lo más extraño es que no sólo fueron los nazis, sino que otros filósofos por todo el mundo tampoco lo entendieron. Tal vez era tal genio que los supuestos grandes hombres no pudieron entenderlo.

Estaba trayendo tantas ideas nuevas al mundo del pensamiento, que sólo una lo habría convertido en uno de los grandes filósofos del mundo, y tuvo docenas de ideas en las que nadie había pensado. Si se le entiende correctamente, Nietzsche sin duda crearía la atmósfera y suelo adecuados para que naciera el superhombre. Puede ayudar a transformar a la humanidad. Yo le tengo un respeto tremendo, y también me da mucha tristeza que fuera incomprendido; no sólo eso, sino obligado a entrar a un manicomio. Los doctores lo declararon loco. Sus ideas estaban tan alejadas de la mente ordinaria que la mente ordinaria se alegró de declararlo loco: "Si él no está loco, entonces nosotros somos demasiado ordinarios". Tiene que estar loco, tiene que ser internado en un manicomio.

Yo siento que nunca estuvo loco. Sólo estaba demasiado adelantado a su tiempo, y era demasiado sincero y demasiado franco.

Decía exactamente lo que experimentaba, sin preocuparse por los políticos, sacerdotes y otros pigmeos. Pero esos pigmeos eran tantos y ese hombre estaba tan solo que no quisieron escuchar que no estaba loco. Y la prueba de que no estaba loco es su último libro, que escribió en el manicomio. Pero yo soy el primero en decir que no estaba loco. Parece que todo el mundo es tan astuto, tan político, que la gente sólo dice cosas que le darán reputación, que atraerán el aplauso del público. Ni siquiera sus grandes pensadores son tan grandiosos.

El libro que escribió en el manicomio es su mejor obra, y es una prueba absoluta de por qué un loco no lo habría podido escribir. Su último libro es *Ecce homo*, cuyo título original era *La voluntad de poder*. Nunca lo vio impreso, porque ¿quién imprimiría el libro de un loco? Tocó a la puerta de muchos editores, pero lo rechazaron... y ahora todo el mundo está de acuerdo en que es su mejor obra. Tras su muerte, su hermana vendió la casa y otras cosas para publicarlo, porque había sido su última voluntad, pero él no llegó a verlo impreso.

¿Estaba loco? ¿O estamos viviendo en un mundo de locura? Si un loco puede escribir un libro como *Ecce homo*, entonces es mejor estar loco que sano como Ronald Reagan, que acumula armas nucleares; hay miles de personas empleadas con la tarea de crear armas nucleares las veinticuatro horas al día. ¿Llamas a ese hombre sano y a Friedrich Nietzsche loco?

Un viejo indígena estaba sentado en un bar cuando irrumpió un hippie barbado y de pelo largo y pidió de beber. Los insultos obscenos del hippie sacaron a todos los demás del bar, pero el viejo indio se quedó mirándolo en calma. Por fin el viejo hippie se giró hacia él y dijo:

—Oye, pielroja, ¿qué rayos me ves? ¿Estás loco o algo?

—No —replicó el indio—, hace veinte años me arrestaron por hacer el amor con un búfalo. Pensé que tú podrías ser mi hijo.

Osho, ¿cómo puedo usar mi poder sin perder mi amor?
¿Cómo puedo usar mi poder y seguir con el corazón abierto?
Para mí, el amor y el poder parecen contradictorios. ¿Es así?
¿Podrías decir algo al respecto, por favor?

La pregunta que me estás haciendo es exactamente la misma que la última. Tienes el mismo malentendido, aunque no esté relacionado con Friedrich Nietzsche. Básicamente me estás preguntando: "¿Cómo puedo usar mi poder sin perder mi amor? ¿Cómo puedo usar mi poder y seguir con el corazón abierto? Para mí, el amor y el poder parecen contradictorios".

Ahí es donde no comprendes.

El amor y el poder no son contradictorios.

El amor es el mayor poder del mundo.

Pero tienes que comprenderlo de nuevo: al decir *poder*, no me refiero a ejercer poder sobre los demás. El poder sobre los demás no es amor; el poder sobre los demás es puro odio, es veneno, es destructivo.

Pero para mí, y para cualquiera que lo sepa, el amor mismo es poder; y es el mayor poder, porque no hay nada más creativo que el amor. No hay nada más gratificante que el amor, no hay nada más estimulante que el amor. Cuando estás enamorado, todos tus miedos desaparecen. Y cuando te conviertes en amor, hasta la muerte se vuelve irrelevante.

Jesús no está muy lejos de la verdad cuando dice: "Dios es amor". Sin duda Dios es poder, el poder máximo. Yo quiero mejorar lo que dijo Jesús: no digo que Dios sea amor, digo que el amor es Dios. Para mí, Dios es sólo un símbolo y el amor es una realidad. Dios es sólo un mito, el amor es la experiencia de millones de personas. Dios es sólo una palabra, pero el amor se puede convertir en una danza en tu corazón.

Tu incomprensión es que crees que *poder* significa poder sobre los demás. Y no es sólo tu incomprensión, es la incomprensión de millones de personas. Y a causa de esa incomprensión destruyen toda la belleza del amor. En vez de crear un paraíso a partir de él, crean un infierno para todos, porque todos están tratando de dominar a los demás... en nombre del amor, pero en el fondo es deseo de dominio.

El amor es incondicional. Sólo sabe dar, compartir; no conoce ningún deseo de obtener algo a cambio. No pide respuesta. Su dicha y su recompensa están en compartir. Y su poder está en compartir. Es tan poderoso que puede seguir compartiendo con millones de personas y el corazón sigue desbordante de amor: es inagotable. Ése es su poder.

Me preguntas: "¿Cómo puedo usar mi poder sin perder mi amor?". Si quieres dominar, sin duda tendrás que perder tu amor. Pero si quieres amar, puedes amar con todo el poder que quieras.

No hay contradicción entre poder y amor. Si hubiera una contradicción entre el poder y el amor, el amor se volvería impotente, no creativo, débil; el poder se volvería peligroso, destructivo: comenzaría a torturar a la gente.

El amor y el poder por separado son la miseria del mundo. El amor y el poder juntos, como una sola energía, pueden volverse una gran transformación. La vida puede volverse dicha. Y sólo es cuestión de deshacerse de un malentendido.

Es como si creyeras que dos más dos son cinco, y luego alguien te indicara que estás calculando mal: dos más dos no son cinco, dos más dos son cuatro. ¿Crees que se requiera mucha severidad para cambiar tu malentendido? ¿Tendrás que pararte de cabeza durante horas para cambiar tu idea de que dos más dos son cuatro o cinco? ¿O tendrás que matarte ayunando para cambiar tu malentendido? ¿O tendrás que renunciar al mundo y a todos sus placeres porque tu cálculo es incorrecto y primero tienes que purificar tu alma; de lo contrario, cómo podrías calcular bien?

Se trata de cálculos simples, y un hombre entendido puede cambiarlos en un instante. Sólo es cuestión de ver dónde te descarriaste. Tráete de vuelta.

—Tuve un sueño extrañísimo anoche —le contó un hombre a su psiquiatra—. Vi a mi madre, pero cuando se volteó para mirarme, me di cuenta de que tenía la cara de usted. Como puede imaginarse, me pareció muy perturbador; de hecho, me desperté de inmediato y no me pude volver a dormir. Me quedé ahí en la cama esperando a que llegara la mañana y me levanté, me tomé una coca-cola y vine para acá a mi cita. Pensé que usted podría ayudarme a explicar el sentido de ese sueño raro.

El psiquiatra se quedó en silencio unos instantes antes de responder.

—¿Una coca-cola? ¿A eso le llama un desayuno?

El pobre tipo había ido a comprender su sueño, por qué la cara de su madre se había convertido en la del psiquiatra; pero para el psiquiatra ése no era el problema. Para él, el problema era: "¿Una coca-cola? ¿A eso le llama un desayuno?".

Pero mira a la gente hablar y te sorprenderás: en todos lados hay malentendidos. Dices algo y entienden otra cosa; alguien más dice algo y tú entiendes otra cosa.

El mundo sería un lugar más silencioso y pacífico si la gente dijera sólo 5% de lo que dice; y ese 5% cubriría completamente todo lo esencial. No estoy tomando un punto mínimo, ¡sería el máximo! Inténtalo: di sólo lo esencial, como si estuvieras dictando un telegrama, para sólo elegir diez palabras. ¿Lo ves? Tu telegrama dice más que tu larga carta, condensado. Sé telegráfico y te sorprenderá que en todo el día hay muy pocas veces en las que necesitas hablar.

Un matemático retirado solía vivir en mi vecindario. Toda su vida había sido maestro, y le costaba mucho trabajo la jubilación. Su esposa no le hablaba desde hacía años, "porque", decía, "¡es aburridísimo! Es mejor no hablar con él. De inmediato entra en matemáticas". Ningún otro vecino lo recibía; a uno le preocupaba que fuera a mi casa y se quedara horas. Le preocupaba que el viejo me estuviera torturando. Fue a darme una sugerencia.

—Le tengo una sugerencia para deshacerse de ese viejo —me dijo—. Cada vez que lo vea venir, saque su paraguas, párese en la puerta como si fuera a algún lado y le preguntará: "¿A dónde va?", y usted puede decir que va a algún lado.

—¡Usted no conoce a ese hombre! —le dije—. Si le digo que voy a algún lado, dirá: "Lo acompaño", y será peor. Es mejor aquí. Y no es una tortura, lo disfruto, porque no tengo que decir nada. Sólo me siento en silencio. Él hace todo. Habla y habla y al final me da las gracias y me dice: "Es usted un gran conversador", y yo le digo: "No soy nada comparado con usted, pero estoy aprendiendo un poco".

La gente no quiere que hables, quiere que escuches. Y si aprendes el simple arte de escuchar a la gente, se evitarán muchos malentendidos en el mundo.

Una pareja de viejitos estaba escuchando un programa religioso en la radio. El predicador terminó su emotivo discurso diciendo:

—Dios quiere sanarlos a todos. Sólo párense, pongan una mano en el radio y la otra en la parte del cuerpo enferma.

La viejita se paró con mucho esfuerzo, puso una mano en el radio y la otra en su pierna con artritis. El viejo puso una mano en el radio y la otra en sus genitales.

La viejita lo regañó:

—¡Fred! ¡El predicador dijo que Dios sanaría a los enfermos, no que levantaría a los muertos!

Pero no puedes evitar ser incomprendido.

No sé quién te haya metido la idea de que el amor y el poder son contradictorios. Cámbiala, porque cambiarla te cambiará a ti y toda tu vida.

El amor es poder, el poder más puro y más grande: el amor es Dios. Nada puede ir más alto que eso. Pero ese poder no es un deseo de esclavizar a los demás, no es una fuerza destructora. Ese poder es la fuente misma de la creación.

Ese poder es creatividad.

Y ese poder te transformará en un ser totalmente nuevo. No le preocupa nadie. Todo lo que le preocupa es acompañar tus semillas hasta su florecimiento máximo.

El otro día dijiste que el deber es una palabrota, pero
también te he oído decir muchas veces
que quieres que tus sannyasins sean tremendamente

responsables. Por favor dime: ¿acaso el deber y la responsabilidad no son lo mismo?

El deber y la responsabilidad son sinónimos en el diccionario, pero no en la vida. En la vida no sólo son distintos: son diametralmente opuestos. El deber está orientado al otro; la responsabilidad está orientada a uno mismo. Cuando dices: "Tengo que hacerlo", es un deber. "Como mi madre está enferma, tengo que ir a sentarme a su lado". O: "Tengo que llevar flores al hospital. Tengo que hacerlo, es mi madre". El deber está orientado al otro: no tienes ninguna responsabilidad. Estás cumpliendo una formalidad social: porque es tu madre; no la amas. Por eso digo que el deber es una palabra sucia, de cinco letras. Si amas a tu madre, no dirás: "Es mi deber". Si amas a tu madre, irás al hospital, le llevarás flores, servirás a tu madre, estarás junto a su cama, le masajearás los pies, te sentirás mal por ella, pero no será un deber: será responsabilidad. Reaccionarás como dicte tu corazón.

La responsabilidad significa la capacidad de reaccionar. Tu corazón vibra, te sientes mal por ella, te importa... no porque sea tu madre, eso es irrelevante; tú amas a la mujer. Es tu madre —o no, eso es secundario—, pero si amas a la mujer, la amas como persona. Es un flujo que parte de tu corazón. Y no sentirás que le concediste nada, y no irás por ahí presumiendo que eres un hijo que cumple su deber. No sentirás que has hecho nada. No has hecho nada. ¿Qué has hecho? ¿Le llevaste unas flores a tu madre enferma y ya sientes que cumpliste con una gran obligación? Por eso digo que el deber es sucio. La palabra misma es sucia; está orientada al otro.

La responsabilidad tiene una dimensión totalmente distinta: amas, te importa, sientes; surge de tu sentir. El deber surge de pensar que es tu madre: "por eso"... "por lo tanto"... es un silogismo, es lógico. Vas de una forma u otra, te arrastras, te gustaría escapar, pero ¿qué puedes hacer? Tu respetabilidad está en juego. ¿Qué dirá la gente? ¿Tu madre está enferma y tú la estás pasando bien en el antro y estás bailando, y tu madre está enferma? No, tu ego saldría herido. Si pudieras evadir a tu madre sin que tu respetabilidad y tu ego se vieran afectados, te gustaría evadirla. Irás al hospital y tendrás prisa de irte. Alguna razón encontrarás. "Me tengo que ir, porque tengo una cita". Tal vez no la tengas. Quieres evadir a esa mujer, no quieres estar con ella; hasta cinco minutos es demasiado. No la amas.

Yo estoy en contra del deber, pero de la responsabilidad... sí, yo digo que mis sannyasins tienen que ser tremendamente responsables. Y en cuanto dejes de lado el deber, serás libre para ser responsable.

En mi infancia, a mi abuelo le gustaban los masajes de pies, y llamaba a quien fuera, quien fuera que anduviera por ahí. Era muy viejo y decía:

—¿Me das un masaje de pies?

A veces decía que sí y le daba el masaje, y a veces le decía que no. Quedó intrigado.

—¿Qué pasa? —preguntó—. A veces dices que sí y nadie me da un masaje con tanto amor como tú... pero a veces nomás dices que no.

—Cuando es un deber, digo que no —le dije—. Cuando es una responsabilidad, lo hago.

—¿Cuál es la diferencia? —preguntó.

—Ésta —contesté—. Cuando siento amor, cuando me gustaría darte un masaje, lo hago. Cuando siento que sólo es una formalidad... porque me lo pediste y tengo que hacerlo, pero voy a estar distraído porque los niños están jugando afuera y me están invitando... cuando no voy a estar aquí en absoluto, entonces no lo quiero hacer, porque es feo.

Así que a veces le tenía que decir que no cuando quería un masaje. Y a veces yo iba con él y le preguntaba:

—¿Se te antoja un masajito? Estoy de humor. Haría un trabajo hermoso si me lo permitieras.

Haz lo que venga de tu sentir, de tu corazón; nunca reprimas tu corazón. Nunca obedezcas a tu mente, porque la mente es un producto secundario de la sociedad; no es tu realidad. Muévete con tu realidad, funciona a partir de tu realidad. No funciones por principios, etiqueta, patrones de conducta, lo que Confucio llama "caballerosamente". No seas un caballero, sé un hombre; con eso basta. Sé una mujer; con eso basta. Y sé un hombre de verdad, una mujer de verdad. A veces sentirás ganas de hacer algo: hazlo, vuelca tu corazón en eso, será un hermoso florecer. A veces no querrás hacer algo: dilo, sé claro. No hay necesidad de camuflarlo.

6. LA EXPERIENCIA OCEÁNICA DEL SER

El amor es la única esperanza de transformación. El amor es la alquimia de la transformación, pero no es fácil amar, es lo más difícil en el mundo.

Todo el mundo cree que es lo más fácil, porque todo el mundo cree que ama. Los padres creen que aman, los hijos creen que aman, las esposas creen que aman, los amigos creen que aman... todo el mundo cree que ama. Ésa es una de las barreras: la idea de que sabemos qué es el amor, de que ya estamos amando. Eso impide que la gente sepa qué es el amor.

El amor no es biológico. Estamos muy confundidos respecto al amor: creemos que es un impulso biológico. Es algo espiritual. Sí, también se puede expresar biológicamente, pero no tiene sus raíces ahí. Surge en el centro de tu ser y se propaga hacia la circunferencia, pero no surge de la circunferencia. En la circunferencia tan sólo es lujuria, y la lujuria se confunde con amor. Pero nadie quiere ver la verdad, porque la lujuria es fácil; va cuesta abajo. El amor es cuesta arriba: tienes que elevarte a las alturas. El amor requiere gran decisión; el amor requiere gran conciencia. El amor requiere el sacrificio máximo del ego. Cuando uno está listo para sacrificar el ego y está listo para estar totalmente consciente, a partir de esa etapa de conciencia sin ego se libera una fragancia por todo tu ser. Ése es el amor.

¿Para qué sirvo?

Para nada. No tienes ningún propósito.

¿Quieres convertirte en cosa? Las cosas sirven para algo. Si me preguntas para qué sirve esta silla, la pregunta es relevante y la respuesta es simple: para sentarse. Si me preguntas para qué sirve este micrófono... para hablar. Si no hay nadie que se siente en la silla, será totalmente inútil; tendrán que tirarla. Si no hay nadie que hable por el micro, no habrá necesidad de él. Será inútil, su existencia no tendrá propósito. ¿Pero para qué sirves tú? ¡Para nada! No eres una silla, no eres un micro. No eres una casa en la cual vivir. No tienes propósito. Y ésa es la belleza y la gloria de la vida. Es un fenómeno sin propósito. Existe para nada. O existe para sí misma. Es lo mismo.

Las cosas existen para algo más; son medios. Las personas existen para sí mismas; son fines.

Amas a alguien. ¿Para qué? Por el amor mismo. Si dices que lo amas por el dinero que tiene, entonces no lo amas. Si dices que lo amas por el prestigio que te da amarlo, entonces no lo amas, estás haciendo otra cosa. Está sucediendo otra actividad, pero no es amor; negocios, política, tal vez otra cosa, pero no es amor en absoluto.

El amor es un fin en sí mismo. Simplemente amas por el amor mismo.

¿Para qué cantan estos pájaros? ¿Para qué? Por el mero placer del canto. No están cantando para obtener un premio. No están cantando para una competencia. Ni siquiera están cantando para que los escuches. Sólo están cantando. Están llenos de energía y la energía los desborda. Hay demasiada energía. ¿Qué hacer con ella? Comparten con la existencia. Son derrochadores, no mezquinos.

Si tú cantas, primero buscas para qué. ¿Va a apreciarlo la gente? ¿Te van a recompensar de alguna forma, grande o sutil? Entonces no eres cantante, eres un hombre de negocios. Si danzas para que te vea la audiencia y estás buscando su aprecio, su aplauso, entonces no eres danzante. Un danzante tan sólo danza. Si la gente lo ve y lo aprecia y lo disfruta, ya es otra cosa. Ése no es el objetivo. Un danzante puede danzar solo, sin que nadie lo vea. Un cantante puede cantar solo. La actividad misma le está dando tanto que no hay necesidad de otro objetivo, de otro propósito.

Existes para ti mismo. La mera pregunta demuestra que estás viendo la vida por medio de la mente. La mente es intencional. El corazón carece de intención. La mera pregunta demuestra que te gustaría convertirte en cosa, en una mercancía a la venta en el mercado.

La prostituta ama, pero eso no es amor; es una mercancía en el mercado. Tú amas, pero entonces el amor no es una mercancía; es una energía desbordante. Compartes tu felicidad, tu dicha, con alguien. Te sientes bien con alguien, sientes cierta armonía. Con alguien te sientes de acuerdo. La actividad es valiosa en sí misma, el valor es intrínseco. No hay nada fuera de ella como meta. No lleva a ningún lado. Lleva a sí misma.

Hay que entender eso. Todo lo bello en la vida es intrínseco; tiene un valor intrínseco. Y todo lo ordinario es intencional.

La gente no deja de preguntar por qué creó Dios el mundo. "¿Por qué lo creó?". Creen que Dios es un fabricante. ¿Por qué?

¿Por qué creó el mundo? No hay un "porqué", y todas las respuestas que se le han dado son tonterías. Lo creó porque lo disfrutó. La creación en sí misma es disfrute. Le encantaba crear. Se sintió feliz creando.

El relato cristiano dice que Dios creó el mundo y luego vio su creación y dijo: "Bien, bien". ¿A quién se lo dijo? No había nadie más. Se lo dijo a sí mismo. Lo disfrutó; una alegría tremenda llegó a él. Creó el mundo y le encantó, al igual que un pintor pinta y luego se aleja de la pintura y la mira desde este ángulo y desde aquél, y se siente feliz, tremendamente feliz. No es que la pintura le vaya a dar mucho dinero... puede que no le dé nada.

Uno de los mejores pintores, Vincent van Gogh, vivió como mendigo porque no podía vender un solo cuadro. No sólo no podía vender, sino que en todos lados lo declaraban loco. ¿Quién compraría esas pinturas? No valían nada.

Ahora cada una vale millones de dólares, pero en su propia época nadie quiso comprarlas. Se las daba a sus amigos, y hasta ellos tenían miedo de colgarlas en sus salas, porque la gente iba a creer que estaban locos. No vendió un solo cuadro en toda su vida.

Su mismo hermano, Theo van Gogh, estaba muy preocupado. Era un hombre de negocios, y no podía imaginarse cómo podía seguir pintando alguien si no vendía nada. Así que convenció a un amigo y le dio dinero, y le dijo que fuera con Van Gogh y por lo menos le comprara un cuadro. Lo haría sentir bien.

El hombre fue. Por supuesto, la pintura no le interesaba en absoluto; sólo estaba complaciendo al hermano. El hermano le había dado el dinero y él sólo tenía que comprar cualquier cuadro. Van Gogh sospechó algo de inmediato, porque el tipo ni siquiera miraba los lienzos.

—De acuerdo, ésta está bien —dijo—. Toma este dinero.

Van Gogh tiró el dinero afuera de la casa y también echó al hombre.

—¡No vuelvas aquí nunca! —le dijo—. Sospecho que este dinero no es tuyo y que la pintura no te interesa en absoluto. Mi hermano debe de estar detrás de todo esto. Fuera de aquí. No voy a vender nada.

Se mató cuando era muy joven —36, 37—, porque sentía que ya había creado todo lo que podía crear, y ahora sólo podía alargar una vida miserable, sin siquiera algo que comer... Sólo comía tres días a la semana, porque su hermano le daba suficiente dinero para comer, pero tenía que comprar pintura y lienzos y brochas. Así que ahorraba el dinero de cuatro días para pigmentos y óleos, y los otros tres días comía.

Pero era una persona tremendamente feliz. No había nadie que apreciara su trabajo, así que miraba sus propias pinturas. Debió de haber dicho, igual que Dios: "Bien. Bien, lo logré otra vez".

Nunca preguntes para qué sirves; sirves para ti mismo. Y a menos de que te percates de eso, te perderás de muchas cosas. En el fondo, tu ser más profundo siempre está esperando que alguien te ame por quien eres; por nada más, sólo por quien eres; alguien que diga: "Te amo por el amor. Te amo tal como eres. Te amo porque eres. Te amo a ti, a tu ser, y no hay un fin, no hay un propósito".

A menos de que alguien llegue y te ame sin sentido, no tendrás la gloria de la vida. Recuérdalo, en esa falta de sentido está escondido todo el sentido de la vida. Cuando alguien te ama con sentido, ya te redujo a objeto. Eres una cosa y él es el comprador. Cuando alguien te ama sólo por quien eres, sin ninguna otra razón, entonces de pronto tu flor interior florece. Te aceptan tal como eres.

El amor siempre te acepta tal como eres, y por medio de esa aceptación sucede una gran transformación. Puedes florecer. Ahora no hay miedo. Ahora no se espera nada de ti; te puedes relajar. Ahora no hay objetivo ulterior; tú eres el objetivo. Puedes danzar y celebrar.

Sucedió...

En el siglo IV a.C., el gran filósofo ateniense Platón estableció una escuela, la Academia, en la que las matemáticas eran una parte clave del plan de estudios.

A Platón le encantaban las matemáticas. Era un poeta de las matemáticas, un amante.

En la puerta de su academia se leía: "Si no sabes matemáticas, por favor, no entres". Uno tenía que aprender matemáticas antes de entrar a la Academia. Se enseñaban con el mayor rigor del que la época era capaz, y consistían en figuras idealizadas a las que se les aplicaban operaciones idealizadas.

Un estudiante, que fue sometido a estrictos ejercicios mentales sobre el concepto platónico de las matemáticas, seguía buscando en vano una aplicación a los varios oficios en los que sabía que las matemáticas eran útiles. Al final le dijo a Platón.

—Pero, maestro, ¿qué uso particular se les puede dar a estos teoremas?

—Yo no les veo ningún uso práctico —contestó.

—Los teoremas son hermosos, son matemáticas puras, ¿pero cuál es la utilidad? ¿Qué uso puede dárseles? ¿Qué se puede ganar de ellos?

El viejo filósofo le dedicó una mirada torva al estudiante preguntón, se dirigió a un sirviente y dijo:

—Dale a este joven un centavo, para que sienta que ganó algo de mis enseñanzas, y expúlsalo.

Es difícil entender porque para Platón las matemáticas eran su amor, su amada. No se trataba de ganancias, no se trataba de ganar nada. Tan sólo contemplar las formas —las formas puras de las matemáticas— era suficiente. La mera contemplación te lleva a lo desconocido. No es cuestión de ganancias.

La vida se basta a sí misma. Y si estás tratando de cumplir un objetivo, te perderás la vida. Eso es lo que te han enseñado desde el principio: todo padre está tratando de obligarte a ser útil. Les preocupa que te conviertas en vagabundo, en vago. Les preocupa que te vuelvas inútil. Les preocupa que no seas útil en el mundo; ¿entonces quién va a apreciarte? Sus egos están preocupados porque, por medio de ti, están planeando satisfacer sus egos insatisfechos. Sus padres hicieron lo mismo con ellos y ahora ellos están haciendo lo mismo contigo. Y tú vas a hacer lo mismo con tus hijos.

La gente muerta no deja de acosarte. Tal vez tu padre esté muerto, pero te seguirá acosando. Cada vez que te relajes, escucharás la voz de tu padre: "¿Qué haces? ¡Flojo! ¡Haz algo!" y saldrás de un salto de tu flojera y correrás en círculos y harás algo, porque te estabas volviendo inútil. Como todo el mundo está condicionado para ser de utilidad, surge la pregunta: "¿Para qué?". Y si no puedes encontrar la respuesta, te sientes muy perplejo y confundido.

Deshazte de todas esas tonterías. Eres suficiente tal como eres.

No estoy diciendo que te vuelvas flojo. No estoy diciendo que te conviertas en parásito. Estoy diciendo que vivas tu vida como un valor intrínseco. Haz lo que quieras hacer, pero no lo hagas para demostrar que eres útil. Hazlo porque te encanta. Hazlo porque te sientes feliz haciéndolo. Hazlo porque es tu amor, y de pronto todo tiene un color distinto y todo se vuelve luminoso.

Mis padres querían que me convirtiera en científico; y si no podía ser científico puro, por lo menos en médico, en ingeniero. Los traicioné. Ahora se les olvidó por completo, y son felices. Son gente muy buena y muy sencilla. Pero cuando los traicioné, les dolió mucho. Esperaban tanto de mí. Todos los padres tienen esperanzas, y con ellas destruyen a sus hijos.

Tienes que liberarte de tus padres, igual que un niño tiene que salir del vientre de su madre algún día, de lo contrario el vientre será su muerte. Después de nueve meses, el niño tiene que salir del vientre. Tiene que dejar a la madre, no importa lo doloroso que sea ni qué tan vacía se sienta la madre, el niño tiene que salir. Luego, otro día en la vida, el niño tiene que salir de las expectativas de los padres. Sólo entonces, por primera vez, se convierte en un ser por derecho propio, por su cuenta. Entonces se para sobre sus propios pies. Entonces se vuelve realmente libre.

Si los padres se ponen alerta, son más comprensivos, ayudarán a los niños a volverse lo más libres posible lo más pronto posible. No condicionarán a los niños para ser de utilidad; les ayudarán a ser amantes.

Hay un mundo totalmente diferente listo para nacer, en el que la gente trabajará. El carpintero trabajará porque le encanta la madera. El maestro dará clase porque le encanta enseñar. El zapatero seguirá haciendo zapatos porque le encanta hacer zapatos. Ahora mismo está pasando algo muy confuso. El zapatero se convirtió en cirujano, el cirujano se convirtió en zapatero. Los dos están molestos. El carpintero se convirtió en político, el político se convirtió en carpintero. Los dos están molestos.

Toda la vida parece hundida en enojo. Mira a la gente: todos parecen enojados. Todo el mundo parece estar en algún lugar al que no pertenece. Todos parecen inadaptados. Todos parecen insatisfechos por culpa de la noción de utilidad; no deja de acosar a la gente.

Oí una historia muy hermosa:

La Sra. Ginsberg, al llegar al cielo, se dirigió con timidez al ángel del registro.

—Dígame —dijo—, ¿sería posible tener una entrevista con alguien que esté aquí en el cielo?

—Sin duda —dijo el ángel del registro—, suponiendo que la persona que tenga en mente esté en el cielo.

—Ay, sí está. Estoy segura —dijo la Sra. Ginsberg—. De hecho, quiero ver a la Virgen María.

El ángel del registro se aclaró la garganta.

—Ah, sí. Resulta que está en otra sección, pero si insiste, re-enviaré su petición. Es una dama gentil y quizá quiera visitar su viejo vecindario.

Reenvió la petición puntualmente y la Virgen sí fue muy gentil. No pasó mucho tiempo antes de que la Sra. Ginsberg tuviera el privilegio de estar en su presencia.

La Sra. Ginsberg miró un buen rato a la figura radiante ante ella y por fin dijo:

—Disculpe mi curiosidad, pero siempre he querido preguntarle algo. Dígame, ¿qué se siente tener un hijo tan maravilloso que desde su época millones de personas lo adoran como un Dios?

—Para serle franca, Sra. Ginsberg —contestó la Virgen—, nosotros queríamos que fuera médico.

Los padres siempre tienen esperanzas, y su esperanza se vuelve ponzoñosa. Deja que te diga algo: ama a tus hijos, pero nunca esperes nada de ellos. Ama a tus hijos lo más que puedas, y dales la sensación de que los amas por ellos mismos y no por cualquier utilidad que puedan tener. Ama mucho a tus hijos y dales la sensación de que los aceptas tal como son, de que no van a cumplir exigencias. Hagan esto o aquello, no habrá diferencia para el amor que les has dado. El amor es incondicional.

Entonces se puede crear un mundo totalmente nuevo. Entonces la gente pasará naturalmente a las cosas que le gustan. La gente se moverá naturalmente en direcciones hacia las que se sientan fluir por instinto.

¿Pero qué decir de los padres ordinarios?

Te voy a contar otra historia:

El rabino Joshua, después de vivir una vida ejemplar admirada por todos, murió en la plenitud de la edad y fue al cielo. Ahí lo recibieron con hosannas de placer. Inexplicablemente, retrocedió, se cubrió la cara con sus manos viejas y temblorosas, y se negó a participar en las festividades organizadas en su honor.

Tras fallar toda persuasión, lo llevaron con respeto ante el alto tribunal de Dios. La tierna presencia de Dios bañó al noble rabino y la voz divina llenó sus oídos.

—Hijo mío —dijo Dios—, está registrado que viviste totalmente según mis deseos, y sin embargo rechazas los honores preparados para ti, acorde a lo que mereces. ¿Por qué es esto?

El rabino Joshua, con la cabeza gacha y un hilillo de voz, dijo:

—Oh, Santísimo, yo no soy digno. De alguna forma mi vida debió dar un mal giro, porque mi hijo, ignorando mi ejemplo y preceptos, se convirtió en cristiano.

—Vaya —le llegó la voz, dulce con simpatía infinita—, te comprendo por completo y te perdono. A fin de cuentas, mi hijo hizo lo mismo.

¡Expectativas, expectativas!

La gente no deja de esperar cosas de los demás. La gente no deja de tener ambiciones a través de los demás. Deja ese viaje de tus padres. Recuérdalo, ésa será la única manera en que puedas perdonarlos. Y también recuerda que es la única manera en que algún día puedas respetarlos.

A menos de que estés satisfecho, a menos de que hayas encontrado algo que no sólo sea una profesión, sino una vocación, un llamado, nunca podrás sentirte bien con tus padres, porque ellos te trajeron a este mundo de miserias. No puedes sentirte agradecido, no hay nada que agradecer. Cuando estés satisfecho, te sentirás tremendamente agradecido.

Tu satisfacción sólo es posible si no te conviertes en cosa. Tu destino es convertirte en persona. Tu destino es convertirte en valor intrínseco. Tu destino es convertirte en fin en ti mismo.

Al sufrir dolor de cabeza, descubrí mi naturaleza
masculina. Al sufrir dolor de corazón, descubrí mi
naturaleza femenina. ¿Hay algo así como dolor de ser?

No hay tal cosa como dolor de ser. El ser conoce la plenitud, la salud suprema. No sabe de enfermedad, ni de muerte. Ir más allá de tu cabeza y de tu corazón es trascender la dualidad de la existencia. Esa trascendencia te lleva a tu ser.

El ser sólo significa que te deshiciste del ego que formaba parte de tu cabeza. Incluso te deshiciste de la separación, muy sutil y delicada, que formaba parte de tu corazón; te deshiciste de todas las barreras entre ti y el todo. De pronto la gota de rocío se escurrió de la hoja de loto al océano. Ahora es uno con él.

En cierto sentido ya no eres y en otro eres por vez primera. Como gota de rocío ya no eres, pero como océano eres por vez primera, y ésa es tu naturaleza.

Uno de los grandes psicólogos, William James, ha contribuido tremendamente al acuñar una nueva palabra para la experiencia espiritual, la experiencia "oceánica". Tiene toda la razón. Es la experiencia de expansión, de todos los límites desapareciendo cada vez más y más lejos. Llega el momento en que no ves límites; te vuelves el océano. Eres, pero ya no estás aprisionado. Eres, pero ya no estás enjaulado. Saliste de la jaula, saliste de la cárcel, y estás volando al cielo en total libertad.

Recuerda una cosa: un pájaro en vuelo y el mismo pájaro enjaulado no son el mismo en absoluto. El pájaro enjaulado ya no es el mismo porque perdió su libertad, perdió su tremendo cielo. Perdió la alegría de danzar en el viento, en la lluvia, en el sol. Tal vez le hayas dado una jaula de oro, pero destruiste su dignidad, su libertad, su alegría. Lo redujiste a prisionero: parece el mismo pájaro, pero no lo es. Un hombre confinado en los límites de la mente y el corazón y el cuerpo está aprisionado, muros detrás de muros.

La última cárcel a la que fui en Estados Unidos tenían tres puertas. Era la cárcel más moderna, ultramoderna, tecnológica; la primera de su clase en Estados Unidos. La habían abierto hacía apenas tres meses. Todo era electrónico. Esas tres puertas eran casi imposibles de cruzar para un humano. En primer lugar, estaban electrificadas: con sólo tocarlas, morías. Y eran tan altas que ninguna escalera era posible. Y además... una tras otra, tres.

Sólo se abrían por control remoto, que mi carcelero solía guardar en su coche. Apretaba el botón y el primer portón se abría. Era casi una montaña, grandísimo, altísimo, y al entrar el coche, tenía que esperar que la primera puerta bajara. Sólo cuando la primera puerta había bajado, el control remoto funcionaría con la segunda. Y cuando la segunda puerta hubiera bajado, entonces el control remoto funcionaría con la tercera.

Cuando entré por primera vez a esa cárcel en Portland, le dije al carcelero:

—Tal vez no lo sepa, pero logró hacer un símbolo perfecto.

—¿Símbolo de qué? —preguntó.

—Así es la situación del hombre —dije—: el cuerpo es la primera puerta; la mente es la segunda; y el corazón, la tercera. Y detrás de las tres está la pobre alma.

—Nunca lo había pensado —dijo—. Debe ser coincidencia; nadie lo había pensado, tres puertas...

—¿Por qué tres? ¿Por qué no cuatro?

—No lo sé —dijo—. Yo no lo hice.

Pero yo le dije que quien quiera que lo hubiera hecho tal vez había sentido inconscientemente algo de la simetría, de la correspondencia entre el encarcelamiento de la conciencia humana y ser el arquitecto de una cárcel para seres humanos. En cuanto superas el cuerpo... lo cual no es muy difícil, porque el cuerpo de alguna manera es muy hermoso, porque sigue en sintonía con la naturaleza. Por eso superarlo es muy fácil; no ofrece mucha resistencia. Es muy cooperativo.

El verdadero problema es la mente, porque la mente fue creada por la sociedad humana, diseñada especialmente para mantenerte esclavizado. El cuerpo tiene una belleza propia. Sigue siendo parte de los árboles y el océano y las montañas y las estrellas. No lo ha contaminado la sociedad. No lo han envenenado las Iglesias ni las religiones ni los sacerdotes. Pero la mente está completamente condicionada, distorsionada, con ideas absolutamente falsas. Tu mente funciona casi como máscara y esconde tu rostro original.

Trascender la mente es todo el arte de la meditación, y Oriente ha dedicado casi diez mil años a un solo propósito —con toda su inteligencia y genio—: descubrir cómo trascender la mente y su condicionamiento. Todo ese esfuerzo de diez mil años ha culminado en refinar el método de la meditación.

En términos simples, meditar significa observar la mente, presenciar la mente. Si puedes presenciar la mente —sólo verla en silencio sin justificación alguna, sin apreciación alguna, sin condenas, sin juicios, a favor o en contra—, sólo verla como si no tuvieras nada que ver con ella... es sólo el tráfico que pasa por la mente. Hazte a un lado y obsérvalo. Y el milagro de la meditación es que con sólo observarlo, despacio, despacio, desaparece.

En el instante en que la mente desaparece, llegas a la última puerta, que es muy frágil —y tampoco está contaminada por la sociedad—: tu corazón. De hecho, tu corazón te abre paso de inmediato. Nunca te limita, está listo casi en todo momento a que llegues a él, y abrirá la puerta hacia el ser. El corazón es tu amigo.

La mente es tu enemiga. El cuerpo es tu amigo, el corazón es tu amigo, pero entre los dos hay un enemigo como el Himalaya, un gran muro montañoso. Pero se puede cruzar con un método sencillo. Gautama Buda lo llamaba *vipassana*. Patanjali lo llamaba *dhyan*. Y la palabra sánscrita *dhyan* se convirtió, en China, en *ch'an*, y en Japón en *zen*. Pero es la misma palabra. En español no hay un equivalente exacto de *zen* o *dhyan* o *ch'an*. Usamos arbitrariamente la palabra *meditación*.

Pero debes recordar esto: no importa el significado que tus diccionarios le den a la palabra meditación, no es el sentido que yo estoy usando. Todos los diccionarios dicen que meditar significa pensar en algo. Cada vez que le digo a una mente occidental: "Medita", la pregunta inmediata es: "¿En qué?". La razón es que en Occidente la meditación nunca se desarrolló hasta el punto en que *dhyan* o *ch'an* o *zen* se desarrollaron en Oriente.

Meditación significa simplemente conciencia: no pensar en algo, ni concentrarse en algo, ni contemplar algo. Al mundo Occidental siempre le preocupa algo. La meditación, tal como la uso, tan sólo significa un estado de conciencia.

Igual que un espejo... ¿crees que un espejo trate de concentrarse en algo? Lo que pase frente a él será reflejado, pero al espejo no le importa. No le importa que pase una mujer hermosa o que pase una mujer fea o que no pase nadie; es una fuente simple y reflexiva. La meditación tan sólo es una conciencia reflexiva. Tan sólo observas lo que pasa frente a ti.

Y con ese mero observar, la mente desaparece. Has oído hablar de milagros, pero éste es el único milagro. Todos los demás son sólo cuentos.

Jesús caminando sobre el agua o convirtiendo el agua en vino o trayendo a la vida a los muertos... son cuentos bonitos. Si se entienden como símbolos, tienen mucha importancia. Pero si insistes en que son hechos históricos, estás siendo estúpido. Simbólicamente son hermosos. Simbólicamente, todo maestro en el mundo está trayendo a la vida a los muertos. ¿Qué estoy haciendo yo aquí? ¡Sacando a la gente de sus tumbas! Y Jesús sacó a Lázaro cuando apenas llevaba cuatro días muerto. ¡Yo he sacado gente que llevaba muerta años, vidas enteras! Y como llevaban tanto tiempo viviendo en sus tumbas, son reacios a salir. Oponen toda su resistencia: "¿Qué haces? ¡Éste es nuestro hogar! ¡Hemos vivido aquí en paz, no nos molestes!"

Simbólicamente tiene razón: todo maestro está tratando de darte una vida nueva. Tal como eres, no estás vivo en realidad. Sólo estás vegetando. Si se interpretan como metáforas, los milagros son bellos.

Eso me recuerda una extraña historia que los cristianos borraron por completo de sus escrituras. Pero existe en la literatura sufí. Esa historia sufí trata de Jesús.

Jesús entra a un pueblo y en cuanto lo hace ve a un hombre que reconoce; lo conocía de antes. Estaba ciego y Jesús le había curado los ojos. Ese hombre está corriendo tras una prostituta. Jesús detiene al hombre y le pregunta:

—¿Me recuerdas?

—¡Sí, te recuerdo, y nunca podré perdonarte! Estaba ciego y era perfectamente feliz, porque nunca había visto la belleza. Tú me diste ojos. Ahora dime: ¿qué hago con estos ojos? Estos ojos se sienten atraídos por las mujeres hermosas.

Jesús no lo podía creer... estaba impresionado, estupefacto.

—¡Yo creía que le había hecho un gran servicio a este hombre y está enojado! Dice: "Antes de que me dieras ojos, nunca pensaba en mujeres, nunca pensé que hubiera prostitutas. Pero desde que me diste ojos, me destruiste".

Jesús deja al hombre sin decir nada: no hay nada que decir. Y al seguir adelante encuentra a otro hombre tirado en el desagüe, diciendo toda clase de sinsentidos, totalmente borracho. Jesús lo saca del desagüe y reconoce que le había dado piernas. Pero ahora siente que le tiemblan a él.

—¿Me conoces? —le pregunta.

—Sí, te conozco —le responde el hombre—. Aunque esté borracho, no te puedo perdonar: tú perturbaste mi vida pacífica. Sin piernas no podía ir a ningún lado. Era una persona pacífica: sin peleas, sin apuestas, sin amigos, sin bares. Tú me diste piernas y desde entonces no he encontrado un solo momento de paz, de sentarme en silencio. Corro detrás de esto, de lo otro, y al final, cuando me canso, me emborracho. Y tú mismo puedes ver lo que me está pasando. ¡Eres responsable de mi situación! Debiste haberme dicho que si me dabas las piernas surgirían todos estos problemas. No me lo advertiste. Me curaste sin siquiera pedirme permiso.

Jesús se asustó tanto que se fue de la ciudad. No siguió adelante. Se dijo:

—Nadie sabe qué tipo de gente voy a encontrar.

Pero mientras salía de la ciudad, vio a un hombre tratando de colgarse de un árbol.

—Espera, ¿qué haces? —dijo.

—¡Ahí vienes otra vez! —le contestó—. Yo estaba muerto y me obligaste a vivir de nuevo. Ahora no tengo empleo y mi esposa me dejó porque cree que un hombre muerto no puede revivir; cree que soy un fantasma. Nadie me quiere ver. Mis amigos no me reconocen. Voy a la ciudad y la gente no me voltea a ver. ¿Ahora qué quieres que haga? ¡Y ahora que estoy tratando de colgarme, aquí estás otra vez! ¿Qué clase de venganza estás librando? ¿No me puedes dejar en paz? Ahora ni siquiera me puedo colgar. Ya estuve muerto y me reviviste: si me cuelgo, me vas a revivir otra vez. ¡Estás tan empeñado en hacer milagros que ni siquiera te importa quién los sufra!

Cuando vi esa historia, me encantó. Todo cristiano debería conocerla.

Sólo hay un milagro: el milagro de la meditación, que te aleja de la mente. Y el corazón siempre te recibe. Siempre está listo para darte paso, para guiarte hacia tu ser. Y el ser es tu plenitud, tu bienestar máximo.

Un policía ve un coche zigzagueando peligrosamente por el camino, y cuando lo detiene, se baja una mujer hermosa. Claramente está bajo la influencia del alcohol, pero para estar seguro, el poli le hace una prueba de aliento. Por supuesto, superó el límite, así que el poli dice:

—Señorita, se puso una bien dura.

—Dios mío —grita la mujer—, ¿también muestra eso?

El dolor de cabeza está bien, el dolor de corazón está bien, pero no pases de ahí. Más allá no hay dolor ni sufrimiento. Más allá del corazón está todo lo que siempre has anhelado, consciente o inconscientemente, lo que has buscado.

Tu travesía es larga. Cristianismo, judaísmo, islam —tres religiones fundadas fuera de la India— cometieron todas un gran error: le dieron a la gente la idea de que sólo tienes una vida. Eso ha creado muchos problemas.

En Oriente todas las religiones están de acuerdo en algo: que llevas aquí miles de vidas; ésta no es tu única vida. Has vivido muchas vidas; la peregrinación es larga y has estado yendo casi en círculo, así que tu conciencia no ha crecido; estás cometiendo los mismos errores una y otra vez. Cada vida se desperdicia casi de manera repetitiva. La gente dice que la historia se repite. A la historia no le interesa repetirse; se repite porque somos inconscientes, así que seguimos cometiendo el mismo error una y otra vez. Nuestra conciencia sigue siendo la misma. Por eso en todas las vidas vivimos en el mismo plano miserable. Nunca crecemos.

Ya es tiempo suficiente. Deberías empezar a trabajar profundamente en tu ser, a buscarlo, porque en cuanto lo conozcas, no volverás a nacer en un cuerpo. Entonces no estarás en otra prisión, entonces serás libre de toda cárcel. Y esa libertad última es la única lección que vale la pena aprender a lo largo de todas esas vidas.

Pero funcionamos casi como borrachos.

Ruben Levinsky les cuenta a sus amigos del club que su hijo de cinco años embarazó a su nana.

—¡Pero eso es imposible! —grita Sollie.

—Desafortunadamente, no lo es —contesta Ruben, avergonzado—. El escuincle agujereó todos mis condones con una tachuela.

Es un mundo muy extraño. He escuchado un proverbio muy antiguo: "Dios hizo a la mujer sin sentido del humor para que pudiera amar al hombre sin reírse de él".

Hymie Goldberg está sentado en un bar una noche cuando el hombre a su lado se escurre de su asiento y cae al suelo. Sintiendo que no hay manera en que el hombre llegue solo a casa, Hymie encuentra su dirección en su cartera y decide ayudarlo. Le pasa un brazo por la cintura y van hacia la puerta. Pero de inmediato las piernas del hombre se desmoronan y colapsa.

—Maldito borracho —se queja Hymie—, ¿por qué rayos no dejaste de beber antes?

El hombre murmura algo, pero Hymie no está de humor para escucharlo. Sintiéndose tan recto como la Madre Teresa, se echa al hombre al hombro y lo carga hasta su casa. Toca indignado, entra a trancos cuando una mujer le abre la puerta y tira al hombre en el sillón.

—Aquí tiene a su esposo —dice Hymie—. Y si yo fuera usted, hablaría seriamente con él de su bebida.

—Lo haré —promete la mujer—. Pero dígame —continúa mientras echa un vistazo afuera—, ¿qué le pasó a su silla de ruedas?

Es un mundo chistosísimo, ¡todo pasa inconscientemente! Lo único que vale la pena recordar es que no hay que perder la oportunidad que tienes de desarrollar tu conciencia al punto en que tengas la misma visión, la misma claridad, la misma intuición, la misma comprensión que Gautama Buda. A menos de que seas así de iluminado, tu vida va a repetir los mismos errores una y otra vez. Un hombre inconsciente no puede esperar cambiar el curso de su vida. Sólo la conciencia, la conciencia creciente, va a cambiar tu forma de vida. Y cuando estés totalmente iluminado, no tendrás que volver a otro vientre. El ser iluminado desaparece en el vientre del universo mismo. Ahora que ya no eres, sino que eres por primera vez... tan vasto, tan infinito como este universo, sin límites, y en constante expansión.

Toda tu miseria es porque eres vastísimo y estás embutido en un cuerpecito, en una mentecita, en un corazoncito. Tu amor quiere expandirse, pero tu corazón es demasiado pequeño. Tu claridad quiere volverse tan clara como un cielo sin nubes, pero tu cabeza es demasiado pequeña y está demasiado llena. Tu ser quiere tener alas y volar por el sol como un águila, pero está enjaulado: tres muros a su alrededor; es casi imposible que salga de su prisión.

Oriente ha estado trabajando por una sola cosa; por eso no ha creado mucha ciencia, mucha tecnología, porque a todos sus genios sólo les preocupaba una cosa: el núcleo más profundo de tu ser. No era gente objetiva. Estaban más y más interesados en la subjetividad. Oriente encontró la llave de oro. Te puede abrir las puertas de la dicha infinita, de todo el esplendor escondido en la existencia. Te puede permitir recibir dones de todas las dimensiones.

No eres una criatura miserable. Tienes un dios en tu interior, y tienes que descubrirlo. Ése es el único milagro en el que creo, la única magia. Todo lo demás no es esencial.

Cuando te veo, a veces veo un guiño de inocencia infantil, una calidez que llamo amor. Y a veces veo un vacío vasto, tan fresco y claro e impersonal como el cielo nocturno. ¿Están esas dos cualidades en ti? ¿Están esas dos cualidades en mí? Parece imposible, pero cierto.

Tropezaste con una verdad muy importante. La inocencia infantil y la calidez del amor que ves no son contrarias a "un vacío vasto, tan fresco y claro e impersonal como el cielo nocturno". De hecho, son dos caras de la misma moneda. Si te vuelves infantil, inocente, tendrás calidez y amor. Pero del otro lado de la moneda serás como la nada fresca e impersonal, como una noche estrellada.

Las dos cosas suceden juntas. La primera sucede —la frescura, la nada— y luego la inocencia del niño trae la calidez. Pero al intelecto siempre le cuesta trabajo ver algo que parece ser su opuesto.

Por ejemplo, si sacas las raíces de un rosal, no puedes concebir que estén conectadas con las rosas. Las raíces son feas. Parece no haber similitud posible entre las rosas y las raíces. Pero las raíces le están dando todo el jugo y la vida a la rosa. Las raíces le están dando el color, la vivacidad, la calidez, la belleza a la rosa.

La vida está llena de opuestos en apariencia. Éste es tu opuesto interno: si estás dentro de ti, te vuelves tan fresco como la no-che estrellada —la nada, impersonal—, ésa será tu raíz; entonces tu inocencia infantil, calidez, amor serán tu expresión como flor. No pueden existir por separado.

Eso está en mí y esas cualidades también están en ti. Cuan-do seas consciente del fenómeno, no tomará mucho tiempo para que veas las mismas raíces y rosas en tu interior. Sólo cuando lo vivas en tu interior podrás comprenderlo; no intelectualmente, sino existencialmente. Pero sin duda has tropezado con una gran verdad.

Dices: "Parece imposible, pero cierto". La verdad es imposible, pero de todos modos sucede. Sólo parece imposible, pero es nuestro potencial. La existencia está llena de misterios: nunca pienses en tér-minos de imposibilidad. Todo es posible. Lo imposible es sólo una idea de la mente.

¿Puedes entender cómo estos árboles verdes crecen hacia arri-ba, en contra de la gravedad? Es imposible. Pero se las arreglan perfectamente, todos los árboles del mundo, y nunca han pensa-do en la gravedad, no les importa. A los científicos los deja per-plejos que los árboles crezcan cincuenta metros. Y no sólo los árboles, sino la savia, el agua, tiene que subir sin sistema de bom-beo. ¿Cómo lo logra? No puedes subir agua cincuenta metros sin una bomba eléctrica.

Pero esos árboles tienen su propio misterio, y es tan sutil que cuando los científicos se dieron cuenta, no lo podían creer: que durante millones de años esos árboles —ignorantes, incultos, sin saber nada de ciencia— han estado haciendo un milagro. El mi-lagro está en la copa, donde cada árbol busca el sol... Ése es el tru-co: todo árbol busca el sol. Así que cada vez que se hacen gruesos, también se hacen más altos. Es una competencia. Quien llegue más alto sobrevivirá más tiempo.

Están buscando el sol para que pueda evaporar agua de sus

copas. Y es un vínculo; funcionan como papel secante. Cuando en la copa el sol se lleva el agua como vapor, la copa se seca, el papel secante se seca. Sigue sacando el agua de abajo y la segunda capa de papel secante se seca. Y como la segunda capa se secó, saca agua de la tercera.

Así, durante cincuenta metros, el árbol sigue cargando agua sin sistema de bombeo.

Pero necesita al sol, de lo contrario moriría. Es el sol contra la gravedad. El árbol está logrando una conspiración contra la gravedad en combinación con el sol. Con ayuda del sol, sube más alto, saca savia de las raíces.

Se ha descubierto que las raíces tienen cierta sensibilidad que ni siquiera nosotros tenemos. Pocas personas la tienen. Seguro has oído de algunas personas que pueden caminar por ahí y decirte dónde encontrar agua. Pero esa gente también recibe ayuda de los árboles, aunque quizá no te hayas dado cuenta. Siempre traen una rama, una rama recién cortada de un árbol, en la mano. Todo el truco consiste en que traen la rama en las manos. Sus manos son muy sensibles. Ellos no saben nada de agua, pero la rama sí. Así que dondequiera que la rama les dé un jalón —tan leve que no lo puedes ver, pero ellos sí lo sienten—, la rama está interesada, ahí hay agua.

Están engañando a la gente, están tratando de demostrar que están haciendo un gran milagro. No es un milagro, es un método sencillo que usan los árboles. Dondequiera que haya agua, la rama se moverá. Y sólo tienen que ser sensibles a la rama, donde se mueva, a qué lado, a dónde apunte. Y darán vueltas y vueltas, una y otra vez, hacia el mismo punto, para estar totalmente seguros de dónde está, de dónde encontrarás agua.

Se ha descubierto que las raíces de los árboles se mueven cientos de metros para encontrar agua. ¿Pero cómo logran saber que treinta metros al sur o al norte hay agua y, lo más extraño, incluso agua entubada, a treinta metros de distancia? Las raíces son tan sensibles al agua que aunque el agua esté entubada la presienten. Y se ha descubierto que pueden romper la tubería. Entran al tubo y se empiezan a beber tu agua para sus propios fines, a mandarla cincuenta metros arriba. Es un robo y no pagan impuestos. No les importa tu industria del agua. Pero se las arreglan.

En la comuna en Estados Unidos vivimos en un desierto. Sólo crece un tipo de árbol ahí. Ese árbol ha aprendido formas de existir en el desierto y se ha adaptado a la vida desértica. Al igual que el camello está adaptado al desierto, esos árboles también están adaptados.

Toda su estrategia es —porque no tienen nada de agua en lo que concierne a sus raíces— reunir humedad del aire, en particular de noche, cuando el desierto se enfría y hay humedad. A través de cada hoja, de cada rama, chupan la humedad, y ésa es su única forma de subsistencia. No usan sus raíces, porque por lo que ellas saben, es puro desierto; no hay nada de agua. Pero aprendieron un método nuevo —justo el contrario— de absorber humedad por las hojas.

Los árboles ordinarios en todos lados evaporan agua por las hojas y chupan agua por las raíces. Pero los árboles desérticos funcionan de manera completamente opuesta. No usan sus raíces. Sólo usan sus raíces para mantenerse en pie, sólo como apoyo, eso es todo. Es por pura inteligencia que en la noche le chupen toda la humedad al aire, y viven perfectamente bien.

Es una idea incorrecta que la existencia no sea inteligente. Es más inteligente de lo que crees. Todo su funcionamiento está lleno de inteligencia y nada es imposible. Sólo tienes que encontrar la manera correcta y los imposibles se vuelven posibles.

Tu mente es un poco cobarde. Tu mente quiere las cosas según ella, quiere que todo sea según su condicionamiento. Eso hace imposibles muchas cosas. Tienes que aprender a no obligar a la existencia a estar de acuerdo contigo. Ésa es la manera irreligiosa y no vas a ganar.

La manera religiosa es ser humilde y funcionar según la existencia. Sé natural y deja que la naturaleza decida el curso de tu ser. Y la naturaleza es tremendamente inteligente. Te da a luz, te da vida, te da tu inteligencia. ¿A menos de que sea un océano de inteligencia, de dónde podrás sacar tu inteligencia, que es pequeña, sin duda, comparada con la inteligencia universal?

En mi experiencia, las dos cosas llegan juntas. Una nada silenciosa, una frescura impersonal... Pero recuerda que no digo "frialdad"; sólo la llamo "frescura". La frialdad es una cosa totalmente distinta: la frialdad es cerrazón. La frescura no es una experiencia cerrada, es muy vivaz, muy abierta, una brisa fresca que te cruza constantemente. Te renuevas a cada instante, por eso eres fresco.

Y como eres impersonal, eres inocente. De lo contrario, no puedes ser inocente. Y como eres inocente y vivaz y fresco en todo momento, llega cierta calidez amorosa a ti que no está dirigida hacia nadie... como una fragancia. Cualquiera que sea receptivo puede regocijarse en ella.

Quiero que mi gente haga posible lo imposible. Cuando lo imposible se vuelva posible, tendrás toda la comprensión existencial de *Sat-Chit-Anand,* de la verdad, de la conciencia, de la dicha.

EPÍLOGO

Todo río llega al océano, y todo río llega al océano sin guía, sin mapa. El hombre también puede llegar al océano, pero se enreda en el camino; y hay mil y un enredos en el camino. El guía, el maestro, no son necesarios para llevarte al océano —eso puede suceder solo—: el maestro es necesario para mantenerte alerta y que no te enredes en el camino, porque hay mil y una atracciones.

El río se sigue moviendo. Llega a un hermoso árbol: el río disfruta del árbol y sigue adelante; no se apega al árbol, de lo contrario, el movimiento se detendrá. Llega a una montaña hermosa, pero continúa... completamente agradecido, agradecido con la montaña y por la alegría de pasar por la montaña y todo el canto que sucede y la danza. Agradecido, agradecido sin duda, pero nada apegado. Se sigue moviendo... su movimiento no se detiene.

El problema de la conciencia humana es que te encuentras un árbol hermoso y quieres fundar tu hogar ahí; ya no quieres ir a ningún lado. Te encuentras un hombre o una mujer hermosos y te apegas. El maestro es necesario para recordarte una y otra vez que no te apegues a nada. Y eso no significa que no disfrutes nada. De hecho, si te apegas, no lo podrás disfrutar; sólo puedes disfrutar si permaneces desapegado, sin ataduras.

El apego destruye toda alegría, porque nadie puede disfrutar nada que traiga encadenamiento, que vaya contra nuestro ser interior. Nuestro ser interior anhela libertad, así que todo lo que la impida nos enoja. Por eso los amantes pelean, pelean sin cesar: están enojados con el otro, y el enojo es que se convirtieron en cadenas para el otro. Quizá no estén conscientes de por qué se pelean. Quizá encuentren excusas para pelear. Esas excusas no significan nada: lo básico es que se apegaron el uno al otro y ese apego trae encadenamiento y el encadenamiento es feo y nadie quiere ser esclavo.

Toda mi enseñanza consiste en dos cosas: cómo estar enamorado y sin embargo libre; libertad y amor. La persona inteligente es quien ha logrado ambas cosas juntas sin sacrificar una por la otra. Quien sacrifica su libertad por amor es estúpido. Y quien sacrifica el amor por su libertad, también es estúpido. La gente mundana es estúpida y la ultramundana es estúpida, porque no han dado muestras de inteligencia. La inteligencia significa que puedes chiflar y tragar pinole; sólo entonces eres inteligente.

El amor es absolutamente armonioso con la libertad; no hay problema. La libertad es armoniosa con el amor; no hay problema. De hecho, el amor no puede existir sin libertad: tarde o temprano muere. Y la libertad no puede existir sin amor: se alimentan una al otro. Sin duda no hay una relación de causa y efecto entre ellos, pero hay lo que Carl Gustav Jung llama "sincronicidad": de cierta forma sutil y misteriosa se alimentan entre sí. No hay puente visible, pero si uno está, la otra es necesaria. Si la otra no está, uno sólo puede estar durante poco tiempo y desaparecerá pronto.

Así que sé un río que fluye hacia el océano, hacia Dios, el infinito, y sin embargo enamórate totalmente de las riberas por las que pasarás... los árboles, las montañas, los días y las noches y la gente. Enamórate totalmente de todo eso, y sin embargo no te enredes en ningún lado; deja que el flujo siga sin obstáculos.

Quien pueda con el amor y la libertad juntos es sabio, y eso se vuelve posible por medio de la meditación. La meditación es la llave que abre el amor, que abre la libertad; es una llave maestra.

Sobre el autor

Osho desafía las clasificaciones. Sus miles de charlas cubren todo, desde la búsqueda individual del significado hasta los problemas sociales y políticos más urgentes que enfrenta la sociedad en la actualidad. Los libros de Osho no han sido escritos, sino transcritos de las grabaciones de audio y video de sus charlas extemporáneas ante audiencias internacionales. Tal como él lo expone: «Recuerden: lo que estoy diciendo no sólo es para ustedes... estoy hablando también para las futuras generaciones». Osho ha sido descrito por el *Sunday Times* en Londres como uno de los «1000 creadores del siglo XX» y por el autor estadounidense Tom Robbins como «el hombre más peligroso desde Jesucristo». El *Sunday Mid-Day* (India) ha seleccionado a Osho como una de las diez personas —junto con Gandhi, Nehru y Buda— que han cambiado el destino de India. Con respecto a su propia obra, Osho ha declarado que está ayudando a crear las condiciones para el nacimiento de una nueva clase de seres humanos. Él con frecuencia caracteriza a este nuevo ser humano como «Zorba el Buda», capaz tanto de disfrutar los placeres terrenales de un Zorba el griego, como la serenidad silenciosa de un Gautama el Buda. Un tema principal a través de todos los aspectos de las charlas y meditaciones de Osho es una visión que abarca tanto la sabiduría eterna de todas las eras pasadas como el potencial más alto de la ciencia y la tecnología de hoy en día (y del mañana). Osho es conocido por su contribución revolucionaria a la ciencia de la transformación interna, con un enfoque en la meditación que reconoce el paso acelerado de la vida contemporánea. Sus Meditaciones Activas Osho® están diseñadas para liberar primero las tensiones acumuladas del cuerpo y la mente, de tal manera que después sea más fácil emprender una experiencia de quietud y relajación libre de pensamientos en la vida diaria.

Una de sus obras autobiográficas disponible en español es:

Autobiografía de un místico espiritualmente incorrecto
Barcelona: Kairos, 2001

Osho International
Meditation Resort

UBICACIÓN Ubicado a 100 millas al sureste de Mumbai en la moderna y floreciente ciudad de Pune, India, el Osho International Meditation Resort es un destino vacacional que hace la diferencia. El Resort de meditación se extiende sobre cuarenta acres de jardines espectaculares en una magnífica área residencial bordeada de árboles.

ORIGINALIDAD Cada año, el Resort de meditación da la bienvenida a miles de personas provenientes de más de cien países. Este campus único ofrece la oportunidad de una experiencia personal directa de una nueva forma de vida: con mayor sensibilización, relajación, celebración y creatividad. Está disponible una gran variedad de opciones de programas durante todo el día y durante todo el año. ¡No hacer nada y simplemente relajarse es una de ellas!

Todos los programas se basan en la visión de Osho de «Zorba el Buda», una clase de ser humano cualitativamente diferente que es capaz tanto de participar de manera creativa en la vida diaria así como de relajarse en el silencio y la meditación.

MEDITACIONES Un programa diario completo de meditaciones para cada tipo de persona, incluye métodos que son activos
MEDITACIONES Un programa diario completo de meditaciones

para cada tipo de persona, incluye métodos que son activos y pasivos, tradicionales y revolucionarios y, en particular, las Meditaciones Activas Osho®. Las meditaciones se llevan a cabo en lo que debe ser la sala de meditación más grande del mundo: el Auditorio **Osho**.

MULTIVERSIDAD Las sesiones individuales, cursos y talleres cubren todo: desde las artes creativas hasta la salud holística, transformación personal, relaciones y transición de la vida, el trabajo como meditación, ciencias esotéricas, y el enfoque zen ante los deportes y la recreación. El secreto del éxito de la Multiversidad reside en el hecho de que todos sus programas se combinan con la meditación, la confirmación de una interpretación de que como seres humanos somos mucho más que la suma de nuestras partes.

SPA BASHO El lujoso Spa Basho ofrece una piscina al aire libre rodeada de árboles y prados tropicales. El espacioso jacuzzi de estilo único, los saunas, el gimnasio, las canchas de tenis… todo se realza gracias a su increíble y hermoso escenario.

COCINA Hay una variedad de diferentes áreas para comer donde sirven deliciosa comida vegetariana occidental, asiática e hindú, la mayoría cultivada en forma orgánica especialmente para el Resort de meditación. Los panes y pasteles también se hornean en la panadería propia del centro.

VIDA NOCTURNA Se pueden elegir diversos eventos en la noche, entre los cuales bailar ¡es el número uno de la lista! Otras actividades incluyen meditaciones con luna llena bajo las estrellas, espectáculos de variedades, interpretaciones musicales y meditaciones para la vida diaria.

O simplemente puedes disfrutar conociendo gente en el Café Plaza, o caminar bajo la serenidad de la noche por los jardines de este escenario de cuento de hadas.

INSTALACIONES Puedes adquirir todas tus necesidades básicas y artículos de tocador en la Galería. La Galería Multimedia vende una amplia gama de productos multimedia Osho. También hay un banco, una agencia de viajes y un cibercafé en el *campus*. Para aquellos que disfrutan las compras, Pune ofrece todas las opciones, que van desde los productos hindúes étnicos y tradicionales hasta todas las tiendas de marcas mundiales.

ALOJAMIENTO Puedes elegir hospedarte en las elegantes habitaciones de la Casa de Huéspedes de Osho, o para estancias más largas, puedes optar por un paquete de los programas de Osho Living-in. Además, existe una abundante variedad de hoteles y apartamentos con servicios incluidos en los alrededores.

www.osho.com/meditationresort

Acerca del código QR
www.osho.com

Página web en varios idiomas que incluye una revista, los libros de Osho, las charlas Osho en formatos de audio y video, el archivo de textos de la Biblioteca Osho en inglés e hindi, y una amplia información sobre las Meditaciones Osho. También encontrarás el plan del Programa de Multiversidad Osho e información sobre el Osho International Meditation Resort.

Páginas web:

> http://OSHO.com/es/AllAboutOSHO
> http://OSHO.com/es/visit
> http://www.youtube.com/OSHOinternational
> http://www.Twitter.com/OSHO
> http://www.facebook.com/pages/OSHO.International

Para contactar con OSHO International Foundation:

> www.osho.com/oshointernational
> oshointernational@oshointernational.com

Acerca del código QR

En la solapa izquierda de este libro encontrarás un código QR que te enlazará con el canal de Youtube Osho Español facilitándote el acceso a una amplia selección de Osho Talks, las charlas originales de Osho, seleccionadas para proporcionar al lector un aroma de la obra de este místico contemporáneo. Osho no escribía libros; sólo hablaba en público, creando una atmósfera de meditación y transformación que permitía que los asistentes vivieran la experiencia meditativa.

Aunque las charlas de Osho son informativas y entretenidas, éste no es su propósito fundamental. Lo que Osho busca es brindar a sus oyentes una oportunidad de meditar y de experimentar el estado relajado de alerta que constituye la esencia de la meditación.

Estos videos incluyen subtítulos en español y se recomienda verlos sin interrupciones. Éstos son algunos de los consejos de Osho para escuchar sus charlas:

> El arte de escuchar está basado en el silencio de la mente, para que la mente no intervenga, permite simplemente lo que te está llegando.

Yo no digo que tengas que estar de acuerdo conmigo. Escuchar no significa que tengas que estar de acuerdo conmigo, ni tampoco significa que tengas que estar en desacuerdo.

El arte de escuchar es sólo puro escuchar, factual, sin distorsión.

Y una vez que has escuchado entonces llega un momento en el que puedes estar de acuerdo o no, pero lo primero es escuchar.

Si no dispones de Smartphone, puedes visitar este enlace:

youtube.com/user/oshoespanol/videos

El poder del amor de Osho
se terminó de imprimir en marzo de 2018
en los talleres de
Litográfica Ingramex, S.A. de C.V.
Centeno 162-1, Col. Granjas Esmeralda, C.P. 09810
Ciudad de México.